"十三五"国家重点图书出版规划项目
交通运输科技丛书·公路基础设施建设与养护
港珠澳大桥跨海集群工程建设关键技术与创新成果书系
国家科技支撑计划资助项目（2011BAG07B01）

沉管隧道
设计与施工指南

Guidelines for Design and Construction of
Immersed Tunnels

徐国平　吕卫清
陈　越　刘洪洲　等 编著

内 容 提 要

本书详细介绍了用于指导沉管隧道设计与施工的一般性和专用性技术条款,全书共分23章,前3章为指南总括,包括总则、术语和符号、基础资料;第4章至15章介绍沉管隧道设计的相关内容,包括总体设计、管节结构设计、接头设计、抗震设计、地基及基础设计、基槽与回填防护设计、耐久性设计、施工监测与运营期结构健康监测、防水与排水设计、大型临时工程设计、管节舾装设计、运营维护设施设计;第16章至23章介绍沉管隧道施工涉及的相关内容,包括施工总体部署,管节预制,管节坞内移动、出坞与寄放,管节浮运,基槽开挖与回填防护施工,地基及基础施工,管节沉放安装,管节施工测量技术与控制;最后列有8个附录。

本书密切结合港珠澳大桥主体工程海底沉管隧道的工程实践,内容丰富,条理清晰,实用性强,可作为从事沉管隧道设计、咨询、施工、科研等工程技术及管理人员的参考用书。

Abstract

General and exclusive technical specifications for applying to guide the design and construction of immersed tube tunnel are introduced in detail in this guide. 23chapters are compiled integrally in this guide。General principles,terms, symbols and basic information are included in the 1th to 3th chapter. Relevant specifications about the design of immersed tube tunnel are introduced in the 4th to 15th chapter, which include overall design, element structure design, joint design, seismic design, foundation and gravel bed design, trench and backfilling design, durability design, in-situ monitoring and structural health monitoring design, waterproof and drainage design, large temporary works design, element outfitting design, operation and maintenance design. Further relevant specifications about the construction of immersed tube tunnel are introduced in the 16th to 23th chapter, containing overall layout of workyard, prefabrication of element, movement of element in drydock, out-of-dock and sinking , floating transportation, excavation and backfilling of trench, foundation and gravel bed, immersion and connection of element, measure and control during construction. Interrelated 8 appendixes and indexes are given in the end.

Combined tightly with the immersed tunneling process of Hong Kong-Zhuhai-Macao Bridge, this guide has many advantages in richer contents, clearer statement and stronger practicability, so can be recommended for designer, consultant, worker, researcher and faculty.

交通运输科技丛书编审委员会

（委员排名不分先后）

顾　问：陈　健　周　伟　成　平　姜明宝

主　任：庞　松

副主任：洪晓枫　袁　鹏

委　员：石宝林　张劲泉　赵之忠　关昌余　张华庆

　　　　郑健龙　沙爱民　唐伯明　孙玉清　费维军

　　　　王　炜　孙立军　蒋树屏　韩　敏　张喜刚

　　　　吴　澎　刘怀汉　汪双杰　廖朝华　金　凌

　　　　李爱民　曹　迪　田俊峰　苏权科　严云福

港珠澳大桥跨海集群工程建设关键技术与创新成果书系编审委员会

顾　　　问：冯正霖

主　　　任：周海涛

副　主　任：袁　鹏　朱永灵

执 行 总 编：苏权科

副　总　编：徐国平　时蓓玲　孟凡超　王胜年　柴　瑞

委　　　员：（按专业分组）

 岛隧工程：孙　钧　钱七虎　郑颖人　徐　光　王汝凯
     李永盛　陈韶章　刘千伟　麦远俭　白植悌
     林　鸣　杨光华　贺维国　陈　鸿

 桥梁工程：项海帆　王景全　杨盛福　凤懋润　侯金龙
     陈冠雄　史永吉　李守善　邵长宇　张喜刚
     张起森　丁小军　章登精

 结构耐久性：孙　伟　缪昌文　潘德强　邵新鹏　水中和
     丁建彤

 建设管理：张劲泉　李爱民　钟建驰　曹文宏　万焕通
     牟学东　王富民　郑顺潮　林　强　胡　明
     李春风　汪水银

《沉管隧道设计与施工指南》编写组

组　　长：徐国平　吕卫清
副 组 长：陈　越　刘洪洲
编写人员：张志刚　李汉渤　方　磊　王　勇　吕勇刚
　　　　　黄清飞　林　巍　李贞新　付佰勇　余青山
　　　　　吴瑞大　梁邦炎　应宗权　董　政　苏林王
　　　　　李增军　陆连洲　吴泽生　杨卫国　闫　禹

总 序
General Preface

科技是国家强盛之基,创新是民族进步之魂。中华民族正处在全面建成小康社会的决胜阶段,比以往任何时候都更加需要强大的科技创新力量。党的十八大以来,以习近平同志为总书记的党中央作出了实施创新驱动发展战略的重大部署。党的十八届五中全会提出必须牢固树立并切实贯彻创新、协调、绿色、开放、共享的发展理念,进一步发挥科技创新在全面创新中的引领作用。在最近召开的全国科技创新大会上,习近平总书记指出要在我国发展新的历史起点上,把科技创新摆在更加重要的位置,吹响了建设世界科技强国的号角。大会强调,实现"两个一百年"奋斗目标,实现中华民族伟大复兴的中国梦,必须坚持走中国特色自主创新道路,面向世界科技前沿、面向经济主战场、面向国家重大需求。这是党中央综合分析国内外大势、立足我国发展全局提出的重大战略目标和战略部署,为加快推进我国科技创新指明了战略方向。

科技创新为我国交通运输事业发展提供了不竭的动力。交通运输部党组坚决贯彻落实中央战略部署,将科技创新摆在交通运输现代化建设全局的突出位置,坚持面向需求、面向世界、面向未来,把智慧交通建设作为主战场,深入实施创新驱动发展战略,以科技创新引领交通运输的全面创新。通过全行业广大科研工作者长期不懈的努力,交通运输科技创新取得了重大进展与突出成效,在黄金水道能力提升、跨海集群工程建设、沥青路面新材料、智能化水面溢油处置、饱和潜水成套技术等方面取得了一系列具有国际领先水平的重大成果,培养了一批高素质的科技创新人才,支撑了行业持续快速发展。同时,通过科技示范工程、科技成果推广计划、专项行动计划、科技成果推广目录等,推广应用了千余项科研成果,有力促进了科研向现实生产力转化。组织出版"交通运输建设科技丛书",是推进科技成果公开、加强科技成果推广应用的一项重要举措。"十二五"期间,该丛书共出版72册,全部列入"十二五"国家重点图书出版规划项目,其中12册获得国家出版基金支持,6册获中华优秀出版物奖图书提名奖,行业影响力和社会知名度不断扩大,逐渐成为交通运输高端学术交流和科技成果公开的重要平台。

"十三五"时期,交通运输改革发展任务更加艰巨繁重,政策制定、基础设施建设、运输管理等领域更加迫切需要科技创新提供有力支撑。为适应形势变化的需要,在以往工作的基础上,我们将组织出版"交通运输科技丛书",其覆盖内容由建设技术扩展到交通运输科学技术各领域,汇集交通运输行业高水平的学术专著,及时集中展示交通运输重大科技成果,将对提升交通运输决策管理水平、促进高层次学术交流、技术传播和专业人才培养发挥积极作用。

当前,全党全国各族人民正在为全面建成小康社会、实现中华民族伟大复兴的中国梦而团结奋斗。交通运输肩负着经济社会发展先行官的政治使命和重大任务,并力争在第二个百年目标实现之前建成世界交通强国,我们迫切需要以科技创新推动转型升级。创新的事业呼唤创新的人才。希望广大科技工作者牢牢抓住科技创新的重要历史机遇,紧密结合交通运输发展的中心任务,锐意进取、锐意创新,以科技创新的丰硕成果为建设综合交通、智慧交通、绿色交通、平安交通贡献新的更大的力量!

2016 年 6 月 24 日

序
Preface

2003年，港珠澳大桥工程研究启动。2009年，为应对由美国次贷危机引发的全球金融危机，保持粤、港、澳三地经济社会稳定，中央政府决定加快推进港珠澳大桥建设。港珠澳大桥跨越珠江口伶仃洋海域，东接香港特别行政区，西接广东省珠海市和澳门特别行政区，是"一国两制"框架下粤、港、澳三地合作建设的重大交通基础设施工程。港珠澳大桥建设规模宏大，建设条件复杂，工程技术难度、生态保护要求很高。

2010年9月，由科技部支持立项的"十二五"国家科技支撑计划"港珠澳大桥跨海集群工程建设关键技术研究与示范"项目启动实施。国家科技支撑计划，以重大公益技术及产业共性技术研究开发与应用示范为重点，结合重大工程建设和重大装备开发，加强集成创新和引进消化吸收再创新，重点解决涉及全局性、跨行业、跨地区的重大技术问题，着力攻克一批关键技术，突破瓶颈制约，提升产业竞争力，为我国经济社会协调发展提供支撑。

港珠澳大桥国家科技支撑计划项目共设五个课题，包含隧道、人工岛、桥梁、混凝土结构耐久性和建设管理等方面的研究内容，既是港珠澳大桥在建设过程中急需解决的技术难题，又是交通运输行业建设未来发展需要突破的技术瓶颈，其研究成果不但能为港珠澳大桥建设提供技术支撑，还可为规划研究中的深圳至中山通道、渤海湾通道、琼州海峡通道等重大工程提供技术储备。

2015年底，国家科技支撑计划项目顺利通过了科技部验收。在此基础上，港珠澳大桥管理局结合生产实践，进一步组织相关研究单位对以国家科技支撑计划项目为主的研究成果进行了深化梳理，总结形成了"港珠澳大桥跨海集群工程建设关键技术与创新成果书系"。书系被纳入了"交通运输科技丛书"，由人民交通出版社股份有限公司组织出版，以期更好地面向读者，进一步推进科技成果公开，进一步加强科技成果交流。

值此书系出版之际，祝愿广大交通运输科技工作者和建设者秉承优良传统，按照党的十八大报告"科技创新是提高社会生产力和综合国力的战略支撑，必须摆在国家发展全局的核心位置"的要求，努力提高科技创新能力，努力推进交通运输行业转型升级，为实现"人便于行、货畅其流"的梦想，为实现中华民族伟大复兴而努力！

港珠澳大桥国家科技支撑计划项目领导小组组长
本书系编审委员会主任
2016 年 9 月

前言

《沉管隧道设计与施工指南》以国家科技支撑计划项目"港珠澳大桥跨海集群工程建设关键技术研究与示范"(2011BAG07B00)课题一"外海厚软基大回淤超长沉管隧道设计与施工关键技术"(2011BAG07B01)的研究成果为基础编制而成。

指南编制过程中,编写组依托港珠澳大桥主体工程沉管隧道建设,调研和收集了国内外沉管隧道相关技术资料,对项目各相关专题研究成果进行总结、提炼,吸收了国内外沉管隧道工程建设经验,借鉴了国内外相关标准规范。在此基础上以多种方式广泛征求了全国业内专家的意见,对主要条文及其说明进行了反复讨论、修改,最终经审查后定稿。本指南充分体现了我国当前沉管隧道设计与施工技术水平,具有先进性和实用性。

本指南共分为23章,分别为:总则,术语和符号,基础资料,总体设计,管节结构设计,接头设计,抗震设计,地基及基础设计,基槽与回填防护设计,耐久性设计,施工监测与运营期结构健康监测,防水与排水设计,大型临时工程设计,管节舾装设计,运营维护设施设计,沉管隧道施工总体部署,管节预制,管节坞内移动、出坞及寄放,管节浮运,基槽开挖与回填防护施工,地基及基础施工,管节沉放安装,管节施工测量技术与控制,书后列有8个附录及本指南用词说明。

沉管隧道具有多专业的交融性与复杂性,本指南力求系统全面、重点突出,但由于编者水平有限,书中不妥之处在所难免,敬请读者批评指正。

作 者
2016 年 1 月

目 录
Contents

1 总则 ·· 1
2 术语和符号 ·· 3
  2.1 术语 ·· 3
  2.2 缩写 ·· 5
  2.3 符号 ·· 6
3 基础资料 ·· 8
  3.1 一般规定 ·· 8
  3.2 调查 ·· 8
  3.3 测绘 ·· 11
  3.4 勘察 ·· 12
  3.5 地震 ·· 13
  3.6 水文 ·· 13
  3.7 气象 ·· 14
  3.8 航运及航道 ·· 14
  3.9 锚地及码头 ·· 15
  3.10 环境保护区 ·· 15
  3.11 专项研究 ·· 15
4 总体设计 ·· 17
  4.1 一般规定 ·· 17
  4.2 设计技术指标 ·· 18
  4.3 总体设计与要求 ·· 19
5 管节结构设计 ·· 21
  5.1 一般规定 ·· 21
  5.2 荷载及组合 ·· 22
  5.3 结构计算 ·· 30

	5.4 横断面设计	33
	5.5 管节结构形式	35
	5.6 管节长度与节段长度	36
	5.7 构造要求	37
6	接头设计	39
	6.1 一般规定	39
	6.2 管节接头	41
	6.3 节段接头	43
	6.4 最终接头	46
7	抗震设计	48
	7.1 一般规定	48
	7.2 抗震验算	51
	7.3 抗减震措施	54
8	地基及基础设计	56
	8.1 一般规定	56
	8.2 地基处理	57
	8.3 桩基础	59
	8.4 基础垫层	59
	8.5 设计计算	60
	8.6 大边载隔离措施	62
9	基槽与回填防护设计	64
	9.1 一般规定	64
	9.2 基槽	64
	9.3 回填防护	67
	9.4 防撞、防冲刷构造	69
10	耐久性设计	70
	10.1 一般规定	70
	10.2 环境分类和环境作用等级	71
	10.3 耐久性设计	72
11	施工监测与运营期结构健康监测	77
	11.1 一般规定	77
	11.2 施工监测	78
	11.3 运营期隧道结构健康监测	80

12 防水与排水设计	84
12.1 一般规定	84
12.2 防水	84
12.3 排水	85

13 大型临时工程设计 89
  13.1 一般规定 89
  13.2 管节预制场设计 90
  13.3 寄放区设计 94
  13.4 出坞航道 95
  13.5 浮运航道 95

14 管节舾装设计 97
  14.1 一般规定 97
  14.2 端封门 97
  14.3 压载水箱 98
  14.4 其他舾装件 98

15 运营维护设施设计 101
  15.1 一般规定 101
  15.2 通风与排烟 101
  15.3 供电照明 102
  15.4 给水与排水 103
  15.5 防灾与救援 104
  15.6 其他 106

16 沉管隧道施工总体部署 107
  16.1 一般规定 107
  16.2 施工总平面布置 108
  16.3 关键设备配置 109
  16.4 施工计划及关键线路 110
  16.5 工程测量 111
  16.6 临时工程 111
  16.7 施工监控 116

17 管节预制 118
  17.1 一般规定 118
  17.2 干坞法管节预制 118

17.3 工厂法管节预制 ······ 122
17.4 预制管节防渗和控裂 ······ 128
17.5 管节混凝土配合比设计 ······ 133

18 管节坞内移动、出坞及寄放 ······ 138
18.1 一般规定 ······ 138
18.2 管节一次舾装及试漏 ······ 138
18.3 管节起浮、坞内平移 ······ 141
18.4 管节出坞 ······ 142
18.5 管节寄放 ······ 142

19 管节浮运 ······ 144
19.1 一般规定 ······ 144
19.2 浮运准备 ······ 144
19.3 管节二次舾装 ······ 145
19.4 管节浮运专项方案 ······ 147
19.5 管节浮运作业 ······ 148

20 基槽开挖与回填防护施工 ······ 151
20.1 一般规定 ······ 151
20.2 施工准备 ······ 151
20.3 基槽开挖与清淤 ······ 152
20.4 回填防护施工 ······ 153

21 地基及基础施工 ······ 156
21.1 一般规定 ······ 156
21.2 地基处理 ······ 156
21.3 桩基础施工 ······ 158
21.4 基础垫层施工 ······ 159

22 管节沉放安装 ······ 162
22.1 一般规定 ······ 162
22.2 管节沉放准备 ······ 162
22.3 系泊定位 ······ 166
22.4 压载沉放 ······ 167
22.5 拉合对接 ······ 167
22.6 轴线调整 ······ 168
22.7 最终接头 ······ 168

23	管节施工测量技术与控制	171
23.1	一般规定	171
23.2	管节预制测量	172
23.3	管节沉放安装测量	172
23.4	离岸深水安装定位测量	173
23.5	管节贯通测量	176

附录 A	沉管隧道场地条件分级	179
附录 B	隧道建筑限界	180
附录 C	管节结构水、土压力计算	181
C.1	竖向土压力	181
C.2	水平向土压力	181
C.3	水压力	181
附录 D	隧道抗震计算方法	183
D.1	修正地震系数法	183
D.2	反应位移法	183
D.3	反应加速度法	184
D.4	时程分析法	185
附录 E	隧道安全设施配置表	188
附录 F	混凝土裂缝修补施工记录表	190
附录 G	管节水密性检查表	191
附录 H	管节浮运阻力计算	192
本指南用词说明		193

1 总　　则

1.0.1　为规范和指导港珠澳大桥主体工程沉管隧道设计与施工，提升我国沉管隧道工程建设技术水平，按照安全可靠、耐久适用、技术先进、经济合理、低碳环保的原则，特编制本指南。

【条文说明】我国对沉管隧道理论和技术研究起步于20世纪70年代，首先在香港地区先后建成红磡海底隧道(1972年)、地铁跨港隧道(1979年)、东区跨港海底隧道(1989年)、机场路海底隧道(1990年)、MTRC地铁线先行隧道(1994年)、西区跨港海底隧道(1997年)等工程，同期我国台湾地区也于1984年建成了高雄沉管隧道。20世纪90年代建成广州珠江隧道(1993年)、宁波甬江隧道(1995年)，进入21世纪陆续建成宁波常洪隧道(2002年)、上海外环隧道(2003年)、广州仑头—生物岛—大学城隧道(2010年)、舟山沈家门隧道(2014年)、广州洲头咀隧道(2015年)、天津海河隧道(2015年)，目前已建成的还有港珠澳大桥海底沉管隧道、佛山东平隧道、南昌红谷隧道。与其他沉管隧道工程不同，港珠澳大桥海底隧道是我国在外海环境修建的第一座公路交通沉管隧道，也是我国首次采用工厂化法预制生产节段式管节的沉管隧道。针对外海环境、深厚软基、大回淤厚度、特长隧道的特点，2011年8月国家科学技术部、交通运输部批准了国家科技支撑计划项目立项，其中课题一"外海厚软基大回淤超长沉管隧道设计与施工关键技术"(2011BAG07B01)即是针对海底沉管隧道关键技术开展创新性研究。依据课题研究所获得的各项成果，结合港珠澳大桥项目前期取得的多项专题成果，经整理、分析、归纳、提升、凝练和多次专家咨询与评审，适当兼顾条文的普适性，形成本指南。

1.0.2　本指南适用于港珠澳大桥海底沉管隧道工程，其他沉管隧道工程可参照使用。

【条文说明】本指南重点针对港珠澳大桥海底沉管隧道中与土建相关内容的设计及施工技术展开编写，公路、建筑、机电及运营维护设施等内容可参考现行相关规范。本指南编写中还兼顾了条文用于沉管隧道行业的普适性、通用性和扩展性，并不仅限于作为港珠澳大桥海底沉管隧道的专用指南使用。其他沉管隧道参照使用时要注意到此特点以及相关规范规程的关联性、协调性。

1.0.3　沉管隧道设计与施工应遵循"理论可信、设备可靠、工艺先进、经济合理、风险可控"的原则，确保结构耐久、施工和运营安全。

【条文说明】沉管隧道设计必须与施工方案密切结合,设计要统筹考虑基础、结构、接头构造及其止水等方案,做好顶层设计和不同专业之间的充分沟通、衔接,实现全覆盖、即时更新和无缝对接。要特别重视干坞、寄放、浮运、系泊等临时工程的选址及其舾装设施设计,以及海洋环境下风、浪、流、采砂活动对深水深槽、岛头紊流区管节沉放对接安装时的不利影响分析,总体上要实现工程的技术、工期及造价风险均可控。

1.0.4 沉管隧道施工应按照审查批准的施工图设计文件进行,施工中应注重实测风、浪、流等现场数据及资料,并针对沉管隧道工程所处的海床地质、水文、气象、通航、生态环境条件采取有效的技术措施。

【条文说明】由于海底沉管隧道工程地质、海洋水文、气象等复杂多变,目前我国尚缺乏此类大型工程建设经验,注重现场实测数据、按照审查批准的施工图进行信息化施工是有必要的。对于海洋环境还要重视风、浪、流、附近海域采砂或浚挖对深水基槽、人工岛岛头紊流区施工作业带来的可能变化,充分评估这些因素对管节沉放与安装的不利影响,提出切实可行的工程措施。在施工中加强监测与检测,对比设计依据的基础资料和施工图文件进行及时反馈和修正设计,指导水上施工作业。

1.0.5 沉管隧道海上施工组织与工艺流程设计应最大限度地减少海上作业施工对水域通航、生态环境的影响,保障水上施工和船舶通行安全,满足海洋生态环境保护的相关要求。

1.0.6 沉管隧道施工前应建立工程测量、工程信息监控系统,实施信息化施工,做到应急预案落实、反馈及时、措施有力、施工可控。

1.0.7 沉管隧道设计与施工应贯彻执行国家有关技术经济政策,积极审慎地采用新技术、新工艺、新材料、新设备。

1.0.8 在本指南执行过程中,还应符合国家现行标准、规范、规程的相关规定。

2 术语和符号

2.1 术语

沉管隧道　Immersed（tube）Tunnel

指将预制完成的钢筋混凝土或钢壳混凝土管节两端封闭后,再利用设备依次沉埋于水下基槽中,通过管节首尾相接、贯通后形成的隧道。

管节　Element

指组成沉管隧道的基本单元,指作为一个浮运沉放单元实施的沉管隧道的组成部分。管节可以是由多个独立节段串联组成,也可以是一个整体构造。

节段　Segment

通常指一次性预制完成的、组成管节的一种基本单元。沉管隧道节段间通过纵向预应力连接而形成管节。

干坞　Dry Dock

指专门用于管节预制的场地。

寄放区　Sinking Area

指位于管节预制场附近、用于临时存放已经完成舾装后管节的水域。

浮运　Floating Transportation

指利用驳船、拖轮、半潜驳等将舾装好的管节拖运至指定地点的过程。

沉放　Immersion

指将系泊在水中的管节逐渐沉放至基槽基础或临时支座上的过程。

对接　Connection

指将沉放到位的管节与岸上段或先期沉放的管节实现水力压接的过程。

压重层　Ballast

指一种用于调节管节抗浮程度、通常置于管节内或顶部的现浇混凝土层。

压载水箱　Ballast Tank

指浮运前在管节内依规则安装的可盛水的箱体,通过注水或抽水达到调节和平衡管节负浮力和上浮力的目的。

管节接头　Immersion Joint

指管节之间用来实现密封止水、传递受力的构造,一般由 GINA 橡胶止水带、OMEGA 橡胶止水带及剪力键等组成。

节段接头　Segment Joint

指节段之间用来实现密封止水、传递受力的构造,一般由 OMEGA 橡胶止水带、中埋式橡胶止水带及剪力键等组成。

最终接头　Closure Joint

指实现沉管隧道最终贯通的构造,可采用现浇或预制钢筋混凝土结构形式。

基槽　Trench

指在海或河床下通过疏浚形成的、用于沉管隧道结构及基础安置所需要的空间。

剪力键　Shear Key

指一种安装在接头之间传递并承受剪力的装置。

大边载　Heavy Side Loading

指为了保护人工岛附近露出海床段的沉管隧道结构,采用石料进行大面积、厚回填的沉管防护,防护体相对于沉管结构在两侧产生的较大荷载。

舾装　Outfitting

指为了浮运、系泊、沉放、对接等需要而安装在管节上的临时设施,包括端封门、压舱水箱、测量(控制)塔、人孔、系缆柱、绞缆盘底座、吊点、导缆器、拉合装置等。

干舷　Freeboard

指浮运状态下静止水位至管节顶面之间的高度。

口部建筑　Portal Building

指位于隧道轴线两端的出、入口建筑物。

通风竖井　Ventilation Shaft

指隧道营运通风系统的进风、排烟竖井。

坞门　Dock Door

指设于坞口位置、能阻隔干坞与外界水体联系、可反复开合的钢质或钢筋混凝土闸门结构。

人孔井　Access Shaft

指管节起浮或沉放后人员或设备进入管节内部的垂直通道,通常为圆形钢筒结构,且与测量(控制)塔一起设置,其底部通过法兰与管节顶面连接,管节安装完成后需要进行封堵。

GINA 橡胶止水带　GINA Gasket

指一种安装于管节接头端面(通常是矩形箱式钢筋混凝土结构管节)并通过水力压接实现密封的专用橡胶制品。

OMEGA 橡胶止水带　OMEGA Gasket

指一种安装于沉管隧道接头内部、用于防水的形似 Ω 的专用橡胶制品。

中埋式止水带　Embedded Waterstop

指预埋在钢筋混凝土施工缝或节段间、用于止水的专用橡胶带制品。止水带通常是带钢边的、可注浆式的橡胶止水带。

碎石垫层　Gravel Bed

指管节沉放前通过在基槽底部刮平作业形成的碎石层。

水密性　Watertightness

指隧道结构或接头阻滞水渗透的能力。

回填　Backfilling

指管节沉放后,在其两侧和顶部进行回填的过程,可分为锁定回填、一般回填及护面回填。

水下护坦　Submarine Protection Apron

指用于保护海(或河)床下构筑物免受船舶撞击、水流冲刷或侵蚀破坏的水下刚性构造物或设施。

贯通测量　Through Measuring

指沉管隧道贯通后利用贯通面两侧平面和高程控制点进行贯通误差测量,一般包括隧道的纵向、横向和方位角贯通以及高程贯通误差测量。

大型临时工程　Large Temporary Engineering

指服务于沉管隧道施工、需要独立完成的管节预制场、出坞航道、浮运航道等工程,可简称为大临工程。

作业窗口　Operation Window

指一个连续的时间段,在此期间水文、气象条件能够满足特定的浮运安装作业要求。

2.2　缩写

SI:国际单位制(le Système International d'unités)

SLS:正常使用极限状态(Service Limit State)

ULS:承载力极限状态(Ultimate Limit State)

ALS:偶然荷载极限状态(Accidental Limit State)

IMT:沉管隧道(Immersed Tube Tunnel)

C&C:暗埋段隧道(Cut & Cover Tunnel)

TE:隧道管节(Tunnel Element)

IJ:管节接头(Immersion Joint)

SJ:节段接头(Segment Joint)

PT:预应力隧道(Prestressed Tunnel)

RT:钢筋混凝土隧道(Normally Reinforced Tunnel)

BC:基本组合(Basic Combinations)

AC:偶然组合(Accidental Combinations)

CPTU:测孔压的静力触探(Cone Penetration Test)

SPT:标准贯入试验(Standard Penetration Test)

ODE:运营设计地震(Operation Design Earthquake)

MDE:最大设计地震(Maximum Design Earthquake)

SLR:海平面上升(Sea Level Rise)

PGA:地面峰值加速度(Peak Ground Acceleration)

HWL:高水位(High Water Level)

MSL:平均水位(Mean Water Level)

LWL:低水位(Low Water Level)

IPCC:政府间气候变化专门委员会(Intergovermental Panel on Climate Change)

HSE:健康、安全、环境(Health Safety Environment)

2.3 符号

符号	说明
C50	立方体强度标准值为50MPa的混凝土强度等级
f_{cu}	边长为150mm的混凝土立方体抗压强度(MPa)
$f_{cu,k}$	边长为150mm的混凝土立方体抗压强度标准值(MPa)
f_{ck}、f_{cd}	混凝土轴心抗压强度标准值、设计值(150mm×150mm×300mm)(MPa)
f_{tk}、f_{td}	混凝土轴心抗拉强度标准值、设计值(150mm×150mm×300mm)(MPa)
f_{sk}、f_{sd}	普通钢筋抗拉强度标准值、设计值(MPa)
f_{pk}、f_{pd}	预应力钢筋抗拉强度标准值、设计值(MPa)
f'_{sd}、f'_{pd}	普通钢筋、预应力钢筋抗拉强度设计值(MPa)
E_c	混凝土弹性模量(MPa)
E_s	普通钢筋弹性模量(MPa)
E_p	预应力钢筋弹性模量(MPa)
γ_s	饱和重度(kN/m³)
γ_{us}	非饱和土的重度(kN/m³)
φ	土内摩擦角(°)
D	粗粒土层粒径(mm)
d	细粒土层粒径(mm)

$\gamma_{\varphi'}$	土摩擦角安全系数
γ_{cu}	内聚力安全系数
c	土内聚力(kN/m^2)
d	地基基础嵌入深度(m)
E_a	主动土压力(kN/m^2)
E_p	被动土压力(kN/m^2)
e	孔隙比
f_a	地基承载力修正值
f_{ak}	地基承载力特征值
f_{rk}	饱和岩石单轴抗压强度特征值
G	永久荷载(kN)
ω	岩石饱和强度(MPa)
α	附加应力系数
β	边坡角(°)
ν	泊松比
ψ_s	沉降计算的经验系数
K_0	侧向土压力系数

3 基础资料

3.1 一般规定

3.1.1 沉管隧道设计与施工前应进行针对性的资料收集、调查、测绘及勘察等工作。

3.1.2 工程条件调查应根据设计及施工各阶段的任务、目的、要求,确定收集、调查资料的内容、范围和精度,各阶段调查的资料应齐全、准确,施工中遇到特殊情况时应补充调查内容。

3.1.3 调查内容应包括隧址及干坞等大型临时工程(以下简称"大临工程")的地理位置、交通、地形地貌、水文、工程地质、水文地质、水中(建)构造物(如海底电缆、油气管等)、堤防、码头、气象、航道、锚地、地震、自然生态环境或海洋保护区等方面。

【条文说明】大型沉管隧道工程除了调查隧址沿线相关内容之外,还应重视干坞、寄放、临时航道等大临工程的资料收集与现场调查。在设计之前,如果条件具备,尽可能充分利用附近地区的既有干坞、船坞等设施,结合管节结构设计形式,通过综合比选确定管节预制方式及其预制场地。

3.1.4 针对沉管隧道工程的特点和规模,当需要在隧道沿线附近设置气象、水文观测站时,应将观测成果纳入隧道区域气象、水文预报系统中,以便准确预报管节浮运、沉放安装的作业窗口,防范因极端气象、水文条件而引起的工程风险。

【条文说明】沉管隧道设计与施工受控因素很多,设计与施工前应全面掌握各类基础资料,可采用地质调绘、测量、地质勘察、水文观测及现场试验等多种手段获取一手信息,满足设计及施工的技术深度要求,并具有良好的协调性与合理性。

沉管隧道工程前期准备及建设周期往往较长,应按各阶段要求的深度开展基础资料准备工作,对工程设计与建设方案影响较大的制约性条件需要开展专题研究,以确保设计合理、施工可靠,降低工程风险,节省工程造价。

3.2 调查

(1)应调查隧址及干坞等大临工程区的地理位置、地形地貌及交通条件等资料。
(2)应调查隧址水域的水文条件、水下建(构)筑物、堤防、码头及生态环境等资料。

（3）应调查隧址沿线及干坞等大临工程的工程地质及水文地质资料，特别是不良地质条件。

（4）应调查隧址及干坞等大临工程区的气象资料。

【条文说明】港珠澳大桥在施工前对隧址区和大临工程的地理位置、交通、地形、地质及气象等资料进行了七年以上的调查与分析，有些内容还持续到施工过程中，为工程的总体规划、横断面布置与管节结构设计、两端接线的设计及施工、大临工程的设计及施工提供了翔实的依据。

（5）沉管隧道设计与施工各阶段的基础资料调查可按表3.2的表列项目进行。

表3.2 基础资料调查项目

调查项目			阶　段			目　的
			前期	设计	施工	
社会条件	水道条件	现状航道水深和宽度	△	△		研究沉管埋设及管节浮运
		规划航道水深和宽度	△	△		
		禁止抛锚区域		△		不能让锚落在管节上
		施工中暂时封闭的水域和时间			△	研究管节浮运、沉放施工
		航船及锚的大小	△			研究管节覆盖与防护厚度宽度
		水底有无爆炸物			△	研究不确定性对施工的影响
		地下埋设物	△			研究隧道轴线线位及设置深度
		用地和渔业与其他所有权	△			研究隧道轴线线位走向
		水利防洪	△			研究隧道等结构物设置
		附近建(构)筑物等	△	△	△	研究施工对建筑物等的影响
		航空限高	△			研究对风塔、施工设备等影响
	交通	区域交通规划	△			研究隧道轴线线位走向
		区域现状及远期预测交通量	△	△		研究车道数及通风等设施
		车辆类型预测	△	△		研究建筑限界与通风
		水质容许标准			△	研究施工方法及保护措施
		大气容许标准		△		研究通风竖井高度
		自然保护区与自然文化遗产	△	△	△	研究隧道轴线线位走向及施工防护及其监测措施
		矿产压覆	△			研究隧道轴线线位走向
自然条件	工程地质	地层岩性、地质构造	△	△	△	研究线位走向，基槽开挖、基础与地基处理等设计
		地震	△	△		研究抗震设计用地基参数
		不良地质	△	△		研究工程处治技术方案
	土质	声波探测		△		分析地震设计用的动参数
		土质试验		△	△	分析设计、施工用土质参数
		有害物质			△	确定开挖土砂的处理方法

续上表

调查项目		阶段			目的
		前期	设计	施工	
自然条件	水文地质	地下水类型、特征		△		推算水压及上浮力
		岩土透水性		△		研究水压及基坑防水、降水
		水腐蚀性		△		研究钢材及混凝土结构防腐
	岩土层的性质			△		制订构造物沉降控制措施
	水下地形地貌		△	△		研究沉管开挖、浮运、安装等
	气象	风向、风速		△	△	研究管节系泊方法、计算通风竖井的排气扩散
		降水		△	△	设计隧道排水方案、研究陆域开挖时的降水方法
		大气污染状况		△		分析隧道排气对大气的影响
		灾害性天气		△		研究浮运窗口期及工期安排
	水文和水质	异常潮位或水位	△	△		研究隧道口防淹、沉管及引道段的水压、抗浮分析、管节浮运等
		水流		△	△	研究管节系泊、浮运、沉放
		波浪		△	△	研究管节系泊、浮运、沉放
		水体密度		△	△	验算管节干舷、沉放压载
		水体盐度		△		研究管节干舷、抗浮
		水体温度		△		验算管节接头受力及张开量
		水质		△	△	分析施工时对水质的影响
		水底物质的活动		△	△	推算基槽和运营期淤积状态
其他	测量	位置		△	△	研究线位走向、施工策划等
		水准		△	△	推算土压、制订施工策划等
		高程	△	△		研究管节位置、基槽断面等
	弃土及取砂石调查			△	△	对疏浚土和砂石料的分析
	建筑材料			△		研究施工组织方案
	沉管制作	预制场位置	△	△		研究预制、浮运、系泊方案
		预制场区自然条件	△	△		研究预制场建设方案、施工计划
		临时寄放场地		△		研究临时寄放布置及方法
		管节浮运航线			△	研究浮运航线及拖航方法

注：△为该阶段应开展的项目。

【条文说明】 沉管隧道工程属于一项复杂的系统工程，其设计与施工涉及钢筋混凝土结构、钢结构、隧道、岩土、地质、水力、水文、气象、环境、地震、船舶、航空、航运、航道、测量、环境保护、海洋生态等学科，专业多，基础资料要求全面、详细，应分阶段有目的地进行调查，调查的项目及深度以满足工程设计或施工的顺利实施为基本要求。对于具体工程，地震动参数、通航安全评估、环境影响评价、设计水文波流参数等重要内容应开展专项研究。

3.3 测绘

(1)沉管隧道工程勘察设计和施工测量应使用统一的工程坐标系统和高程系统。

(2)隧址区测绘资料的图纸内容及精度等应符合《公路工程地质勘察规范》(JTG C20)、《公路勘测规范》(JTG C10)的要求。

(3)沉管隧道施工前,应根据工程特点建立适用于高精度施工测量的平面与高程控制网,为各项测量工作提供稳定的测量控制基准。

(4)沉管隧道工程施工测量应遵循"先整体后局部,分级布网,逐级控制"的原则。

(5)根据不同设计阶段,应分别测绘拟建隧道周围水下地形与陆上地形、地貌,查明海(河)床面的分布状态及冲淤状况、两岸地形地物。

(6)沉管隧道水下地形测绘的范围应取隧道轴线两侧各宽至少500m范围,有特殊要求时,可相应扩大测绘的范围。

(7)根据相关规范要求,应对临时航道进行水下地形测绘。

(8)根据不同设计阶段的具体技术要求,隧址地形资料的收集与调查应包括区域范围内1:500、1:1 000或1:2 000比例的地形图、地貌资料及图件、区域水深、水底地形图及附近已建工程的测绘成果。

(9)水下地形勘测应根据不同阶段的设计需求,分别进行区域地形测量、轴线地形测量及横断面的地形测量工作。地形测量应包括可能影响隧道布置的水中障碍物与水下管线、可能受隧道影响的两岸建(构)筑物及地下管线等。

(10)水下地形测量所采用的平面和高程控制系统宜与该测区陆上同比例的地形图一致,地形图的比例及范围应满足相应阶段的设计与施工需要。

(11)地形测绘前应进行验潮。

【条文说明】沉管隧道是将预制好的管节依次放置在开挖好的基槽中形成,因此水下地形与隧道纵断面设计、基槽及回填设计等直接相关,应采用相关方法进行扫测。另外,通过水下地形图的测量还可摸清海(河)床的冲淤、水下障碍物、取砂坑分布等状况,为沉管隧道设计提供基础性依据。

测图比例尺根据设计阶段、地形地貌等因素确定,前期研究常用1:10 000,初步设计阶段常用1:2 000,施工图设计阶段常用1:1 000~1:2 000,重点工点选用1:500。

外海区域要进行验潮(即潮汐测量),尤其潮差受水深、地形、气象等影响大时,会影响沉放水文窗口的选择。验潮通过测量某固定点水位随时间的变化获取该点水深变化数据,一般设置验潮站获取数据,常用声学式、压力式验潮仪,目前趋势是采用GPS、潮汐遥测等自动化验潮设备。

3.4 勘察

(1)应查明工程区域的新构造运动特征、区域工程地质及水文地质特征。

(2)应查明包括区域地质构造图、附近已建工程的工程地质勘察报告、区域地质灾害及不良地质分布状况、隧道所经水域的水底沉积物及水下地质灾害。

(3)不同阶段的地质勘察应采用物探、钻探以及现场测试、室内试验等多种手段,相互验证,综合分析,提高勘察成果的准确性。根据场地分级及工程重要性程度的不同,钻探孔宜按梅花形布置,间距可参照表3.4确定,横向则以隧道轴线为基线沿拟开挖的基槽边坡范围交叉对称布置。前期阶段控制性钻孔不少于钻孔总数的50%,初勘阶段控制性钻孔不应少于钻孔总数的25%。详勘阶段应充分考虑海(河)上钻孔平台的实际布置要求。黏土、粉土及砂层中的非技术性钻探孔可采用静力触探孔代替,静力触探孔可邻近钻孔位置布置。

(4)对于非岩石类地基,一般性钻孔深度不小于设计底板高程以下1倍管节宽度,且海(河)床下一般不小于40m。控制性钻孔深度不小于设计底板高程以下1.5~2倍管节宽度。

(5)施工方案变化较大且对地质条件或周边环境较为敏感时,以及开挖揭露的地质条件与勘察成果出现较大不符时,施工期应进行补充地质勘察。

(6)应根据地质勘察揭示含水层的岩性、埋藏条件、地下水的赋存状况、水力特征,对隧道区地下水特征进行评价,并对地下水的腐蚀性进行试验,评价其对工程建设中钢材及混凝土的腐蚀性影响。

(7)初步勘察及详细勘察阶段,对于拟建近水域的基坑区段,应开展抽(压)水试验,确定场地各含水层的渗透系数和渗透影响半径。

(8)地质勘察过程中,应进行室内外常规的岩土物理力学参数试验及常规水质分析,还应结合确定的基础与地基处理方案进行针对性的补充试验。

表3.4 钻探孔布置间距要求(m)

场地条件分级	简 单	中 等	复 杂
前期勘察	500~800	300~500	200~300
初步勘察	150~200	100~150	75~100
详细勘察	50~75	30~50	20~30

注:1.表中各阶段勘探量可以累计前阶段完成的可用的工作量。
　　2.场地条件分级参见附录A。

【条文说明】工程地质与水文条件是影响沉管隧道设计难易程度的重要因素,通过该方面资料调查与收集可全面掌握已有的相关信息,为水下隧道勘察与设计提供支撑性依据。沉管隧道所处环境条件复杂,地质勘察技术要求高、实施难度大、经济代价大,在勘察工作展开前应对已有资料进行充分调查与分析,根据设计阶段需要、施工方法与场地条件制订详细周密的勘察计划,做到有的放矢,事半功倍。地质钻探是水下隧道核实地层信息、获取地层物理力学参数的主要手段。因此,特别强调水下隧道的各个阶段均应进行与其深度相对应的钻探工作。

当基槽宽度较小、深度不大时,可沿隧道轴线布置或基槽边坡范围内交叉布置钻探孔。鉴于港珠澳大桥海底沉管隧道水下基槽深度超过30m,开挖后引起基底回弹、管节安装后又受到压缩的特点,室内土工试验应充分考虑实际土体的应力路径,确定合理的土工计算参数。

(9)软土地层地质应开展原位静力触探测试。

【条文说明】对于软土地基,可利用原位静力触探法进行地质勘察,这种方法在国外沉管隧道勘察中广泛应用,其不仅可以进行地层划分,还可获得更接近工程实际状态的计算土层阻力、渗透性等的原位试验数据,故开展原位测试十分必要。

3.5 地震

(1)应对工程区进行地震安全性评价,隧址应避让活动性断裂。

(2)应根据工程抗震设防标准,提出抗震分析所用的地震动参数,包括水平基岩动峰值加速度、加速度时程、动剪应变、动模量等。

【条文说明】相对于水下的钻爆及盾构隧道,沉管隧道埋置较浅,地基及回填层的约束小,抗震性能相对较弱,设计阶段需加强抗震方面的分析。沉管隧道选址应避让或远离活动性断裂带,降低地震工况下沉管隧道发生渗漏水的风险等级。

3.6 水文

(1)应根据工程的设计使用年限、施工期限及相关规范要求,计算分析相应重现期的最高、最低水位,以及不同重现期水流流速等水文特征。

(2)运营期水位应考虑海平面上升的因素。

(3)应通过水文观测获得水域、不同季节的泥沙含量、水温及盐度。

(4)应收集波浪资料,如波况(波向、波高及频率等),并分析确定设计波要素(不同重现期的最大波高、周期、波长等)。

(5)应收集潮汐参数,包括类型、方向、持续时间、最高潮位以及最低潮位等。

【条文说明】水文资料的调查对沉管隧道方案的确定至关重要,应按设计与施工各阶段要求进行详细的调查与分析。通常除了设计阶段的调查外,在沉管隧道施工期间也需要对重点区域进行专门的测试,以保证管节施工的安全。

当工程区域缺乏历年气象观测、水文监测等资料时,应在工程区设置气象、水文观测站进行必要的观测,观测时间和频率应满足气象、水文推算的要求,必要时可请专业部门进行评估和预报。水文观测站应兼顾验潮的需要。

港珠澳大桥海底隧道根据 IPCC(政府间气候变化专门委员会,Intergovermental Panel on Climate Change)评估报告,采用线性插值法得出 120 年设计使用年限对应的海平面上升数据为 0.8m,故采用 0.8m 进行设计校核。

3.7　气象

(1)应详细收集气温、降水、风况、雾、雷暴等气象资料。

(2)气温资料应包括有记录的极端最低气温、极端最高气温及年高温日数、月平均气温、月平均最高气温、月平均最低气温等。

(3)降水资料应包括年降水日数、中雨、大雨以及暴雨日数,1h 和日最大降水强度等。

(4)风况资料应包括最大风速、极大风速、月平均风速、风向、大风天数及风况、台风情况及发生月份等。

(5)雾、霾应包括有记录的年、月平均雾日及分布规律,易发大雾和霾的月份等。

(6)雷暴应包括平均雷暴日以及分布规律、雷暴易发生的月份及频率、月相对大气湿度、月平均气压、主要灾害性气候等。

(7)应特别关注风速风向以及各月大于 6 级风出现的天数,特别注意台风等极端灾害性天气的天数及月份分布;能见度<1 000m 大雾天气出现的天数和月份分布。

【条文说明】气象资料的调查内容主要用于结构耐久性设计、通风设计、排水设计以及沉管隧道施工组织设计等方面。

3.8　航运及航道

(1)应调查工程区的航运及航道的现状及远期规划。

(2)应结合航道规划及升级,经通航论证提出隧道区安全通航的吃水深度以及通航宽度。

【条文说明】航运及航道的现状及规划调查主要用于沉管隧道纵断面设计、结构设计、回填防护设计以及施工组织策划等方面。

3.9 锚地及码头

（1）应调查工程区域附近的船舶锚地以及各类码头的规模及营运情况。
（2）应调查船舶锚的重量，以及锚地规划与隧道布置上的相互限制。
（3）应调查码头的基础形式以及构造参数。
（4）应收集并分析研究码头建设期间水流变化、冲刷淤积等资料，并与隧址区试挖槽观测结果进行比较分析。

【条文说明】锚地及码头调查主要用于沉管隧道平面线形设计、纵断面设计以及施工组织策划方面，沉管隧道布置应尽量避让或远离既有或规划锚地及码头。

3.10 环境保护区

（1）应对工程区陆域、水域环境保护要求进行详细调研，并根据环境影响评价结论采取必要的环保措施。
（2）应避让工程实施对陆域、水域环境影响带来不可接受风险或风险较高的区域。

【条文说明】设计阶段需要对拟建沉管隧道工程区的环境现状进行广泛、充分的调查分析，并结合工程组织实施方案及拟委托的相关单位进行陆域、水域环境影响评价分析，实施阶段需要加强工程区域的环境与生态监控，尤其是高风险源和敏感点，做到及时采取得力措施，以最终满足国家海洋局或环保等部门的审批要求。

3.11 专项研究

（1）应对沉管隧道工程设计及施工相关的建（构）筑物、军事设施、公用设施、地下管线等临近环境条件进行充分、细致的调查与分析。
（2）应在沉管隧道工程场区或周围区域调查合适、可行的管节预制场地，施工前应获取临时工程在管节预制、舾装以及出运、系泊、安装等的施工行政许可。
（3）应对能满足沉管隧道工程施工中要求的设备、材料等资源进行详细的实地调研。
（4）沉管隧道建设对附近港口码头、锚泊（防台）区、水利防洪或军事设施等有影响时，应在前期阶段进行专项评估,并应根据评估结论进行专门勘察及处治设计。

(5)应在隧址区域合理选定试挖槽位置、平面和深度范围,开展长周期的边坡稳定性、槽底淤积、水流流态观测与数据分析,为管节沉放提供准确可靠的数据。

(6)宜委托具有相关专业资质的单位开展包括且不限于表3.11所列的专项研究内容。

表3.11　包括且不限于需开展的专项研究

序　号	名　　称	备　　注
1	地质灾害安全评价	结合勘察分阶段进行
2	设计地震动参数研究	—
3	设计波要素和水流分析计算	—
4	海域(水域)冲淤分析	与埋深相关
5	通航净空尺度与通航安全技术评估	与纵断面相关
6	场地地震安全性评价	—
7	工程环境影响性评价	制约设计方案与施工组织
8	海(河)床演变分析	制约隧址选择和方案设计
9	水利防洪研究	与阻水有关
10	隧址区试挖槽试验及冲淤量、水密度等观测分析	与试挖槽选址关系大,影响管节沉放安装

4 总体设计

4.1 一般规定

4.1.1 沉管隧道总体设计应遵循"安全、适用、耐久、环保、经济、美观"的原则。

4.1.2 沉管隧道工程设计及施工组织设计应基于项目具体特点,因地制宜,提倡"标准化、预制化、装配化、信息化"。

4.1.3 沉管隧道平纵面线形设计应顺适、协调,便于施工控制和隧道贯通后的调线调坡处理,按技术标准与两端陆(岛)上段线路衔接顺适。

4.1.4 沉管隧道横断面设计应满足建筑限界(行车与设备限界)、施工误差、干舷高度、交通工程及防灾救援、运营期抗浮等功能要求。

4.1.5 沉管隧道工程应按照规定的设计使用年限进行设计,并满足施工、运营及防灾的要求。

【条文说明】港珠澳大桥沉管隧道按120年设计使用年限进行设计。

4.1.6 沉管隧道工程沉管段基础及地基处理应满足运营结构及行车安全要求,并与岸(岛)上段隧道的基础及地基处理相协调。

【条文说明】沉管隧道是对地基沉降较敏感的水下条形构筑物,沿纵向的敞开段、减光段、暗埋段及沉管段应综合考虑基础及地基处理方案,应避免出现差异沉降量及总沉降量过大的情况。尤其应处理好结构及回填或回淤荷载过大区段(如厚回淤段、大边载的岛头斜坡段等)的基础,坚持"结构与基础总体协调"的设计理念,不可偏重于加固地基基础或增强管节结构中的任何一方。

4.1.7 沉管隧道接头设计应考虑接头因基础沉降、混凝土收缩与徐变、温度变化、地震产生的位移和内力,保证接头的水密性、耐久性和可施工性。

【条文说明】接头是沉管隧道的关键构件,设计时应考虑运营期影响接头受力和变形的各种可能的因素,可采用敏感性分析找到主要因素进行详细分析或试验验证,保证沉管隧道结构受力与接头变位均可控。

4.1.8 沉管隧道工程应充分考虑两端陆地接线、隧道土建结构工程与运营维护设施之间的接口界面开展设计。

【条文说明】港珠澳大桥是我国首座采用海中桥梁、人工岛、海底隧道集群形式修建的跨海交通基础设施,专业接口、内外部接口众多,相互之间关联度大,不仅要求桥、岛、隧土建工程之间无缝衔接,还要求与洞口建筑、岛上房建、通风、供配电、照明、防灾救援、给排水及交通工程、运营维护设施之间实现良好衔接,形成一个可靠、高效、系统的有机整体发挥交通功能的作用。

4.2 设计技术指标

4.2.1 沉管隧道平面、纵面和横断面设计应根据其所在的公路等级、建设规模和运营服务水平,合理确定设计所采用的具体技术指标。

【条文说明】根据《公路工程技术标准》(JTG B01)、《公路隧道设计规范》(JTG D70)等相关规定,港珠澳大桥主体工程海底隧道设计采用的技术指标如下:

①公路等级:高速公路。
②建设规模:双向六车道。
③设计速度:100km/h。
④服务水平:主线服务水平不低于二级。
⑤平面线形:隧道段应尽可能采用直线,圆曲线半径不小于4 000m。
⑥纵坡坡度/坡长:$0.3\% \leqslant i < 3\%$(相应的坡长长度小于1 000m)。
⑦行车孔路面横坡:≤1.5%。
⑧建筑限界:宽度=14.25m;高度=5.1m(具体规定见附录B)。

4.2.2 沉管隧道结构设计应根据规定的设计使用年限、结构安全等级、抗震设防标准、防水等级等要求合理采用技术指标。

【条文说明】港珠澳大桥海底隧道结构设计采用的技术指标如下:

①设计使用年限:120年。
②工程安全等级:一级。
③抗震设防标准:按照120年超越概率10%(即地震动峰值加速度0.147 5g)。
④海平面上升高度:0.8m。

⑤火灾热释放率(HRR):取 50MW(需配置泡沫-水喷雾灭火系统和独立排烟系统)。

运营期禁止超高、超宽、超长车辆,装有易燃品、爆炸品和有毒化学品的汽车,履带车,过大轴重的卡车、牵引车和压路机在隧道内通行。经专项论证和火灾试验,在配置完备的泡沫-水喷雾灭火系统和独立排烟系统后,按照 50MW 火灾热释放率进行设计。

⑥主体结构耐火等级:一类,按 RABT 标准升温曲线要求耐火极限不低于 2h。

⑦结构防水等级:≥2 级;管节结构抗渗等级:≥P10。

⑧汽车荷载标准:采用《公路桥涵设计通用规范》(JTG D60)公路-Ⅰ级汽车荷载值提高 25% 进行计算,采用满足香港《Structure Design Manual for Highways and Railways》中规定的荷载校核。

4.3 总体设计与要求

4.3.1 平面设计

(1)应符合《公路路线设计规范》(JTG D20)的技术指标要求。
(2)应综合考虑管节预制、浮运和沉放、对接以及止水装置的要求。
(3)跨界与跨境类工程应处理好不同坐标系统间的转换。
(4)隧道工程设计前应对平面线形控制点坐标进行复核。
(5)平面轴线的基准线宜与横断面的中心线一致。

4.3.2 纵面设计

(1)应符合《公路路线设计规范》(JTG D20)的技术指标要求。
(2)应统筹考虑航道规划尺度、水域最大冲淤包络线、最小覆盖层厚度等因素。
(3)应考虑竖曲线段机电设备安装高度、行车限界要求,并与管节接头(含最终接头)位置相协调。
(4)应严格执行通航净空尺度批复文件对隧道结构顶高程的限制要求。
(5)设计基准线宜设于行车孔内路面靠近中间管廊一侧的最高点处。

【条文说明】沉管隧道纵面线形与两端接线线形设计应衔接顺适,保证行车安全、舒适;纵坡坡度一般介于 0.3%~3% 之间,纵面线形组合还应使水下基槽开挖与回填工程量尽可能少,并充分考虑隧道内调坡调线和施工误差(水平、竖向)、差异沉降、横向扭转等因素;纵面线形根据具体情况可选用 W、V、U 等形式。

港珠澳大桥主体工程海底隧道属于水下特长公路隧道,经技术、经济、环境等多方面的综合比选,沉管隧道纵断面线形设计采用 W 形坡,以利于分段排水,也利于减少基槽开挖与回填工程量。采用行车孔内路面靠近中间管廊一侧的最高点处作为设计基准线。当采用高速公路左、右行车孔两条设计基准线时,应注意纵面线形组成和纵坡坡度的变化。

4.3.3 横断面设计

(1)横断面设计应根据功能完善、结构安全、管护便利、经济合理的原则综合确定,在满足建筑限界要求的前提下,尽最大可能地充分利用内部空间、合理控制规模。

(2)横断面布置一般应包括行车孔与共用管廊。

(3)安装在行车孔内的通风、照明、交通信号及监控、防灾等运营设施不得侵入建筑限界。

(4)应结合埋深、车道数、交通工程及消防救援等需求,并从技术、成本、工期、风险等方面综合比选不同行车孔数与管廊数的组合布置形式。

(5)共用管廊布置应考虑机电设备安装、通风排烟以及逃生通道等所需的空间要求。

4.3.4 管节结构设计

应根据管节横断面布置及建设条件进行结构设计,并结合纵向计算、抗震计算合理确定管节结构类型及管节的标准长度及纵向分段模式。

【条文说明】在满足通风防灾、结构受力、抗浮和干舷高度的前提下首先拟定出管节结构横断面,再开展沉管隧道纵向计算和抗震计算,根据纵向计算和抗震计算结果再调整优化管节结构尺寸,最终通过综合比选确定采用整体式管节或节段式管节结构。

4.3.5 地基及基础设计

应基于地质勘察及沉管隧道纵断面设计等成果,提出沉管隧道地基承载力及总沉降量、差异沉降量的控制要求,合理确定各区段地基及基础处理方案。

4.3.6 接头设计

应根据确定的地基及基础处理方案、基底荷载、管节及节段类型等进行接头设计,并结合接头抗剪及张开量等控制要求,通过综合比选确定接头类型与构造布置方案。

4.3.7 大临工程设计

应根据沉管隧道工程规模、工期、造价、航道、航运、港口码头分布、交通、用地、场地远期规划等进行干坞等大型临时工程设计,选定合理、可行的干坞类型及规模、管节舾装方案等。

【条文说明】沉管隧道除主体工程设计外,还包括出坞及浮运航道、管节预制场等大临工程设计,大临工程在沉管隧道工程建设中占有较为重要的地位,关系到工程建设的安全与成败,应作为总体设计中的一个主要方面予以统筹考虑。

5 管节结构设计

5.1 一般规定

5.1.1 沉管隧道管节结构应按照规定的设计使用年限进行设计,并满足隧道施工、运营、检修维护及防灾救援的要求。

5.1.2 沉管隧道管节结构设计应遵循"结构稳定、耐久可靠、经济合理、便于运营维护"的原则。

【条文说明】根据预期功能需求与结构受力,管节横断面可以选择矩形、截角矩形(折板拱形)及圆形等多种形式。对于双孔双向行车的沉管隧道横断面,通常可选用两孔单管廊、两孔两管廊或两孔三管廊等布置形式,具体结构尺寸应综合考虑受力、施工、造价、工期、风险及运营维护等方面而定。

5.1.3 管节结构设计宜采用基于概率理论的极限状态法,并分别按施工阶段和运营阶段进行强度、刚度和稳定性计算,还应对运营阶段的变形及裂缝宽度进行验算。

【条文说明】当沉管隧道埋深或地基沿纵向变化较大时,隧道结构应具有足够的纵向强度、刚度与变形承受能力,以保持隧道纵向稳定且止水可靠,满足长期运营条件下结构纵向不出现危及运营安全的差异沉降的要求。

经过反复试验与计算,港珠澳大桥沉管隧道管节混凝土强度养护28d后不低于C45,56d后强度不低于C50,压舱混凝土采用C30,钢筋混凝土管节构件的最大裂缝宽度不应大于0.2mm。

5.1.4 沉管隧道结构设计应从横向、纵向及局部三个方面,分别对沉管隧道进行静力计算和必要的地震动力响应验算。

5.1.5 沉管隧道结构设计应考虑水淹、沉船、船撞、抛锚、地震及火灾等偶然工况对管节结构的影响。

5.1.6 沉管隧道结构设计应合理确定管节结构的钢筋保护层厚度及混凝土抗渗指标。

【条文说明】港珠澳大桥主体工程沉管隧道设计使用年限为120年,属于外海腐蚀性环境,依据《港珠澳大桥混凝土结构耐久性设计指南》(试用)、《港珠澳大桥混凝土结构质量控制技术规程》(试用)等专项研究成果,贯彻耐久性设计和施工要求的重要措施之一是严格控制结构保护层厚度,根据不同区段的环境作用等级及结构耐久性要求,确定合适的钢筋保护层厚度与混凝土抗渗指标,保证管节结构的耐久、可靠。

5.2 荷载及组合

5.2.1 沉管隧道结构计算时,荷载应按表5.2.1分类。

表 5.2.1 沉管隧道结构荷载分类

编 号	荷 载 分 类	荷 载 名 称
1	永久荷载	结构自重
2		静水压力(平均水位)
3		土压力
4		下拉荷载
5		内装、管道及路面铺装荷载
6		压重混凝土荷载
7		混凝土收缩及徐变
8		纵向附加荷载
9	可变荷载	汽车荷载
10		水位变化
11		温度荷载
12		波浪力与水流力
13		地震力(运营设计)
14		施工荷载
15	偶然荷载	地震力(最大设计)
16		爆炸荷载
17		火灾荷载
18		沉船及船舶撞击荷载
19		落锚及抛锚荷载
20		水淹荷载

【条文说明】沉管隧道设计使用的荷载可按发生的频度、持续性和变化程度分类。结构自重,竖向及水平土压力,静水压力(平均水位),纵向附加荷载,下拉荷载,内部装饰、管道、路面铺装及设备自重荷载等变动小,属于持续发生作用的荷载,是设计时必须考虑的基本荷载。平

均水位产生的静水压力在所有荷载组合工况计算时都将按照永久荷载考虑,但在运营期荷载组合计算时平均水位还应叠加全球变暖带来的海平面上升高度。纵向附加荷载是沉管隧道纵向计算出的每延米剪力差最大值在横断面引起的作用力,可按外、中墙共同分担的向下集中力考虑。下拉荷载指管节回填完成及后期管顶淤积后,回填材料相对于管节结构产生沉降,从而造成在管节侧墙上的向下摩擦荷载。隧道内车辆及人群荷载、水位变化、波浪力、通风机等设备引起的动荷载等,虽然不是持续作用的荷载,但设计时也是必须始终考虑的基本荷载。另外,如温度变化影响力、施工荷载等是荷载变化连续发生或频繁发生,不可忽视的荷载,必须根据隧道使用功能、施工条件和布局状况等进行考虑。还有一类隧道运营期间发生作用频度极小,但是一旦发生对结构或基础沉降影响甚大的荷载,如地震荷载、火灾荷载、爆炸荷载、水淹荷载、船撞荷载、沉船及抛锚落锚荷载等。设计时要充分重视不同施工方法产生的荷载以及地震、火灾、沉船等偶然荷载对结构的影响。

5.2.2 永久荷载标准值取值应符合以下规定:

(1)管节结构自重、混凝土压重、内装及路面铺装等自重荷载可按结构设计尺寸及材料重度标准值计算。

当无准确资料时,根据选用的混凝土等级可采用表5.2.2-1所列结构混凝土和压重混凝土的最小及最大重度标准值。结构设计和浮运计算时取最大重度,干舷高度及抗浮安全系数计算时取最小重度。

表5.2.2-1 混凝土重度(kN/m^3)

混凝土	结构素混凝土	压重混凝土
最大重度	24.0	23.3
最小重度	23.3	22.5

(2)静水压力应考虑由于全球变暖所引起的海平面上升高度,计算时水的重度应取最大值。

(3)沉管隧道回填材料重度可按表5.2.2-2取值,结构设计计算回填荷载时应采用最大值,计算管节抗浮时应采用最小值。

表5.2.2-2 回填材料的重度(kN/m^3)

项 目	最大重度	最小重度
一般回填	21	17
反滤层砂石与块石护面层	22	18

(4)管节结构混凝土收缩徐变可按等效的温度荷载进行计算。

(5)管节结构横断面计算时应考虑横向地基刚度不均而产生的结构内力。

5.2.3 可变荷载标准值取值应符合以下规定:

1)汽车荷载

应采用《公路桥涵设计通用规范》(JTG D60)中公路-Ⅰ级荷载进行计算。

2)水位变化及波浪力

设计时应同时考虑波浪力和水位变化。在承载能力极限状态和正常使用极限状态的计算中应采用设计重现期的水位。施工阶段计算应采用重现期为10年的水位。

3)温度荷载

管节顶板和外墙宜考虑隧道内外±10℃的线性梯度温度变化。管节底板宜考虑±5℃的线性梯度温度变化。

4)施工荷载

管节出坞、系泊、浮运、沉放过程应考虑波浪、水位变动等引起的荷载。

【条文说明】港珠澳大桥主体工程海底隧道设计采用的汽车荷载除了按照《公路桥涵设计通用规范》(JTG D60)中公路-Ⅰ级荷载提高25%进行计算之外,还采用香港《Structure Design Manual for Highways and Railways》规定的汽车荷载进行了校核。

港珠澳大桥主体工程海底隧道在承载能力极限状态和正常使用极限状态的计算中采用120年重现期的水位。施工阶段的计算采用重现期为10年的水位。水流力对管节沉放影响较大,可预测性差,且国内外对水流力研究尚缺少足够的计算经验,建议结合工程实际开展相关测试后取用。根据专题研究结果,港珠澳大桥桥位处120年重现期高水位HWL为3.52m(85黄海基准高程,下同),低水位LWL为-1.53m,潮差3.58m。10年重现期高水位HWL为2.74m,低水位LWL为-1.27m,潮差3.15m。

5.2.4 偶然荷载取值应符合以下规定:

1)沉船荷载和船舶撞击荷载

沉船荷载应按照结构顶与海床面的位置关系、保护层厚度、船舶及水深条件等确定,荷载应均匀作用在隧道结构横向,纵向长度按标准船型确定。航行船舶撞击海底隧道的撞击荷载大小可通过专项研究确定。

【条文说明】沉船荷载是船只失事后恰巧沉没在沉管隧道顶部所产生的荷载,设计时一般视为均布荷载,这种偶然荷载与船型、吨位、装载情况、沉没方式、覆土厚度等诸多因素相关,目前无统一的规定,一般情况可假定为$50kN/m^2$。

港珠澳大桥主体工程海底隧道采用如下沉船荷载进行计算:

(1)当隧道顶部与其保护层在海床面以下1m或更多,且水深≥9m,隧道设计应能承受58.5kPa的均匀荷载(5 000t级载钢材散货船)作用于隧道全宽与纵向17.6m范围内。若基槽有回淤,则应将此荷载施加于回淤层顶部。

(2)当隧道顶部与其保护层在海床面以下不足1m,且水深≥9m,隧道设计应能承受95kPa的均匀荷载作用于隧道全宽与纵向19m范围内。若基槽有回淤,则应将此荷载施加于回淤层顶部。

(3)当水深<9m,荷载与荷载作用长度应按实际水深与9m水深的比例考虑。

同一时间只有以上一种工况作用于隧道结构或海床。荷载有可能作用于隧道纵向任意位置。

对于船舶撞击海底隧道的撞击力分析,目前国内规范尚无明确规定,船舶碰撞设计的一般原则和方法可参照 AASHTO. *LRFD Bridge Design Specifications*. 2nd Edition 1998. *Interim Specifications* 1999,船舶撞损概率取 1×10^{-4},同时可参考:

①Ship Collision with Bridges,International Association for Bridge and Structural Engineering,1993。

②Ship Collisions due to the Presence of Bridge. International Navigation Association, INCOM Report of WG19,2001。

对于露出既有海床面的隧道段,港珠澳大桥海底隧道按照能够抵抗水平冲击荷载34MN进行设计,按照15m(宽)×6m(顶面向下)方形均匀分布;能够抵抗竖向冲击荷载60MN进行设计,按照30m(纵向长度)×38m(隧道宽)方形均匀分布;两个方向均为极限荷载,不得同时施加。设置的水下护坦等构造与尺寸应能抵抗船撞荷载,同时具备防冲刷和侵蚀破坏的能力,并使每年水平或竖向出现超载的概率不超过 1×10^{-4}。

2)落锚或抛锚荷载

位于航道段的沉管隧道结构设计应可承受穿过隧道防护层的落锚或抛锚荷载,必要时应对落锚或抛锚产生的冲击力进行专项评估。

【条文说明】抛锚、落锚及疏浚荷载是船只在紧急情况下抛锚、落锚系泊的荷载或船只通过沉管隧道掉头、锚泊时锚头以及疏浚时抓斗刚好落在沉管隧道顶上所产生的荷载,设计时可将抛锚、落锚及疏浚荷载产生的作用力视为集中力。这种偶然荷载与船型、吨位、装载情况、沉没方式、覆土厚度等诸多因素相关,目前无统一的规定,一般情况可将抛锚假定为 $50kN/m^2$。

港珠澳大桥海底隧道设计要求轴线范围内能够承受10万吨级船舶落锚、20万吨级船舶拖锚。10万吨级船舶落锚冲击力为1 878.3kN,静力等效荷载为3 756.7kN,作用直径2.92m。20万吨级船舶拖锚产生的作用力为锚重的3~10倍,即0.62~2.06MN,水平作用于顶板3m×2m范围内。为了避免锚爪钩住管顶结构,顶部防锚层两侧采用1:2斜坡面,斜坡面顶点到管节侧墙外缘的距离应不小于2.5m。

3)地震作用

应按以下规定进行沉管隧道抗震验算:

运营设计地震(ODE):重现期一般为 75～100 年;

最大设计地震(MDE):重现期一般为 750～1 000 年。

【条文说明】根据国内外沉管隧道工程经验,大型沉管隧道地震作用可分为运营设计地震(ODE)及最大设计地震(MDE)两种作用。港珠澳大桥海底隧道工程设计使用年限内选择 63% 及 10% 两种超越概率进行相应抗震计算。其他沉管隧道可以参照此重现期进行计算。运营设计地震(ODE)常用重现期一般为 75～100 年,允许设计使用年限内发生 1～2 次地震,在地震过程中和地震后结构必须完好无损,没有或很少发生损坏。最大设计地震(MDE)常用重现期一般为 750～1 000 年,要求设计使用年限内至少发生一次,在地震过程中和地震后结构允许发生损坏,但仍要保持其功能,不能妨碍人员逃生。韩国釜山—巨济沉管隧道 MDE 重现期取 750 年,墨西哥 Coatzacoalcos 隧道 MDE 重现期取 1 000 年,港珠澳大桥沉管隧道 MDE 重现期取 1039 年。

4)隧道水淹荷载

沉管隧道设计使用年限内,因意外发生洪水、越浪、止水失效而造成隧道内部进水被淹时,应验算管内水荷载对结构、接头及地基沉降的影响。

【条文说明】调研表明,设计阶段应对沉管隧道发生淹水事件开展风险评估分析,评估发生淹水的概率和损失程度,寻求事后处置补救与额外代价的平衡。港珠澳大桥海底隧道设计时考虑了两孔一管廊管节淹水工况下的结构验算,假定两个月以内排干积水,经过维修后隧道仍能保持水密性,隧道建筑限界和总体线形仍能满足交通功能要求。

5)极端水位及波浪

沉管隧道运营期可按照抵抗 1 000 年重现期的高水位与 1 000 年重现期的波浪组合进行验算。

【条文说明】根据国内外沉管隧道调研结果,针对港珠澳大桥海底隧道具体特点,运营期沉管隧道按照抵抗 1 000 年重现期的高水位与 1 000 年重现期的波浪组合进行验算。其他沉管隧道可以借鉴使用。

6)爆炸荷载

爆炸荷载应按发生在沉管隧道任意一个行车孔内考虑,内部爆炸荷载大小可取为 $100kN/m^2$ 的静力荷载作用在任意长度的隧道内表面上。外部爆炸应按照人防六级标准进行验算。

【条文说明】根据国内外调研,已建沉管隧道普遍假定同一时间只能在一个行车孔内发生一起爆炸事件,参照已有工程实例,内部爆炸荷载大小可取为 $100kN/m^2$ 的静力荷载作用在任意长度的整个内表面上。人防六级标准即规定 60kN/m² 的静力荷载作用在隧道外表面,仅在不包含回淤的偶然荷载组合中考虑。

5.2.5 荷载组合应符合下列规定:

(1)管节结构设计应根据施工、运营阶段可能同时出现的荷载,按表 5.2.5-1 和表 5.2.5-2 分别进行承载能力极限状态和正常使用极限状态组合,并应取各自最不利的效应组合进行计算。

表 5.2.5-1 正常使用极限状态(SLS)

SLS-1	临时工况	满足施工期变形及应力要求
SLS-2a	荷载短期效应组合的正常使用设计工况	裂缝宽度、受压区和应力验算
SLS-2b	荷载长期效应组合的正常使用设计工况	接头张开量和应力验算

表 5.2.5-2 承载能力极限状态(ULS)

基本组合(BC)		
BC-1	施工临时工况	承载能力验算
BC-2	运营工况	承载能力验算
偶然组合(AC)		
AC-1	施工临时工况	检验功能要求是否满足
AC-2a	最大设计地震 MDE 或其他偶然荷载工况	承载能力验算
AC-2b	最大设计地震 MDE 或其他偶然荷载工况	接头张开量和局部的损坏

(2)根据不同的设计要求,正常使用极限状态的计算中,应考虑以下两种作用效应组合:

①荷载短期效应组合

永久荷载的标准值效应与可变荷载的频遇值效应相组合,其效应组合表达式为:

$$S_{sd} = \sum_{i=1}^{m} S_{Gik} + \sum_{j=1}^{n} \psi_{1j} S_{Qjk} \qquad (5.2.5\text{-}1)$$

式中:S_{sd}——荷载短期效应组合设计值;

S_{Gik}——第 i 个永久荷载效应的标准值;

ψ_{1j}——第 j 个可变荷载效应的频遇值系数;

S_{Qjk}——第 j 个可变荷载效应的特征值。

②荷载长期效应组合

永久荷载的标准值效应与可变荷载的准永久值效应相组合,其效应组合表达式为:

$$S_{ld} = \sum_{i=1}^{m} S_{Gik} + \sum_{j=1}^{n} \psi_{2j} S_{Qjk} \qquad (5.2.5\text{-}2)$$

式中:S_{ld}——荷载长期效应组合设计值;

ψ_{2j}——第 j 个可变荷载效应的准永久值系数；

S_{Qjk}——第 j 个可变荷载效应的准永久值。

(3)根据不同的设计要求,承载能力极限状态的计算中,应考虑以下两种作用效应组合:

①基本组合(BC)

永久荷载的设计值与汽车荷载及其他可变荷载的设计值相组合,其效应组合表达式为:

$$\gamma_0 S_{ud} = \gamma_0 \left(\sum_{i=1}^{m} \gamma_{Gi} S_{Gik} + \gamma_{Q1} S_{Q1k} + \psi_c \sum_{j=2}^{n} \gamma_{Qj} S_{Qjk} \right) \quad (5.2.5\text{-}3)$$

式中：S_{ud}——承载能力极限状态下荷载基本组合的效应组合设计值；

S_{Q1k}——汽车荷载效应的标准值；

S_{Qjk}——除汽车荷载效应之外的第 j 个可变荷载标准值；

γ_0——结构重要性系数,采用安全等级一级,即 $\gamma_0 = 1.1$；

γ_{Gi}——第 i 个永久荷载的分项系数；

γ_{Q1}——主要可变荷载的分项系数；

γ_{Qj}——可变荷载 j 的分项系数；

ψ_c——组合系数。

②偶然组合(AC)

应对永久荷载标准值效应、可变荷载某种代表值效应以及一种偶然荷载标准值效应进行组合。

(4)计算各荷载组合及分项系数应符合下列规定:

①针对汽车荷载、水位变化等可变荷载,结构计算的各荷载组合系数按表 5.2.5-3 取值。

表5.2.5-3 组 合 系 数

荷载	ψ_c(ULS-BC)	ψ(ULS-AC)	ψ_1(SLS)(短期)	ψ_2(SLS)(长期)
汽车荷载	0.6	0.5	0.7	0.4
均匀温度变化	0.6	0.8	0.8	1.0
温度梯度	0.0	0.0	0.8	0.8
水位变化	0.6	0.5	1.0	1.0
波浪及水流荷载	0.6	0.5	1.0	1.0
地震荷载	—	—	0.0/1.0[①]	0.0/1.0[①]

注:①计算裂缝宽度时,$\psi_1 = 0.0$,其他情况下 $\psi_1 = 1.0$。

②沉管隧道横向计算临时工况的分项系数参见表5.2.5-4。

5 管节结构设计

表 5.2.5-4 临时工况的分项系数(纵向分析和横向分析)

临时工况	永久荷载													可变荷载	
	结构自重	端钢壳	端封门	压舱水箱	压舱混凝土及压舱水	预埋件	沉放驳或其他沉放设备	静水压力	预应力	吊点力	拖曳力	安装缆力	地基反力	精调力	风荷载	波浪力
SLS-1	1.0	1.0	1.0	1.0	1.0	1.0	1.0	1.0	1.0	1.0	1.0	1.0	1.0	1.0	1.0	1.0
BC-1	1.0/1.2	1.0/1.2	1.0/1.2	1.0/1.2	1.0/1.2	1.0/1.2	1.0/1.2	1.0/1.1	1.0/1.2	1.0/1.2	1.0/1.2	1.0/1.2	1.0/1.2	1.0/1.2	1.4	1.4
AC-1	1.0	1.0	1.0	1.0	1.0	1.0	1.0	1.0	1.0	1.0	1.0	1.0	1.0	1.0	—	—

注:BC-1 工况中,荷载对结构有利时分项系数取 1.0,不利时分项系数取 1.2。

③沉管隧道横向计算永久工况的分项系数详见表 5.2.5-5。

表 5.2.5-5 永久工况横向计算的分项系数

横向计算	永久荷载								可变荷载				偶然荷载						
	结构自重	压重混凝土	静水压力	竖向土压力	水平向土压力	混凝土收缩徐变	纵向附加荷载	路面或其他设备荷载	汽车荷载	水位变化	均匀升降温	温度梯度	水流力和波浪力	地震荷载(ODE)	地震荷载(MDE)	船舶搁浅荷载	沉船荷载	水淹荷载	极端高水位和波浪	落锚	拖锚	内部爆炸	火灾荷载
SLS-2a	1.0	1.0	1.0	1.0	1.0	1.0	1.0	1.0	1.0	1.0	—	1.0	1.0	0.0/1.0②									
SLS-2b	1.0	1.0	1.0	1.0	1.0	1.0	1.0	1.0		1.0	1.0	1.0	1.0	0.0/1.0②									
BC-2	1.0/1.2	1.0/1.2	1.0/1.1	1.0/1.2	1.0/1.4	1.0		1.0/1.2	1.0/1.2	1.4	1.4	0	1.4										
AC-2a	1.0	1.0	1.0	1.0	1.0	1.0		1.0	1.0	0.0/1.0①	0	0.0/1.0①		11								

注:①当与极端高水位和波浪组合时取 0。
②运营设计地震 ODE 工况不对结构裂缝宽度进行验算。

④沉管隧道纵向计算永久工况的分项系数详见表 5.2.5-6。

表 5.2.5-6 永久工况纵向计算的分项系数

纵向计算	永久荷载					可变荷载				偶然荷载				
	结构自重	压重混凝土	静水压力	竖向土压力	下拉荷载	混凝土收缩徐变	汽车荷载	均匀升降温	温度梯度	地震荷载(ODE)	地震荷载(MDE)	船舶搁浅荷载	沉船荷载	水淹荷载
SLS-2a	1.0	1.0	1.0	1.0	1.0	1.0	1.0	1.0	1.0	0.0/1.0①	—			
SLS-2b	1.0	1.0	1.0	1.0	1.0	1.0	1.0	1.0	1.0	0.0/1.0①				
BC-2	1.0/1.2	1.0/1.2	1.0/1.1	1.0/1.2	1.0/1.4	1.0	1.4	1.4	1.4	—	—			

续上表

纵向计算	永久荷载						可变荷载			偶然荷载				
	结构自重	压重混凝土	静水压力	竖向土压力	下拉荷载	混凝土收缩徐变	汽车荷载	均匀升降温	温度梯度	地震荷载(ODE)	地震荷载(MDE)	船舶搁浅荷载	沉船荷载	水淹荷载
AC-2a	1.0	1.0	1.0	1.0	1.0	0	1.0	0	0	—		1.0		
AC-2b	1.0	1.0	1.0	1.0	1.0	1.0	1.0	1.0	1.0	—		1.0		

注：①运营设计地震ODE工况不对结构裂缝宽度进行验算。

5.3 结构计算

5.3.1 管节横断面结构计算宜采用荷载-结构模型，计算模式如图5.3.1所示。图中水压力、土压力的荷载计算方法见附录C。

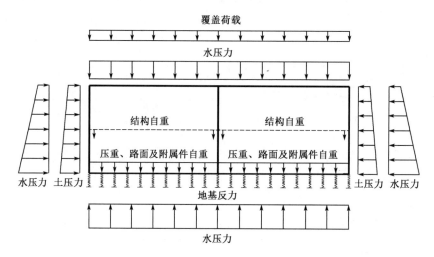

图5.3.1 沉管隧道横断面结构计算简图

【条文说明】管顶覆盖荷载包括回填层和回淤层浮重产生的荷载。纵向附加荷载可按外、中墙平均分担的向下集中力计算。下拉荷载要按照管节回填完成及后期管顶淤积后的浮重在管节侧墙面产生的向下摩擦力计算。水压力计算以平均水位为基准，极端高水位采用1 000年重现期高水位和1 000年重现期波浪相组合。管节两侧土体压力计算采用静止土压力公式。地基反力一般可用Winkler弹性地基梁模型进行计算。

管节结构计算还应验算浮运、沉放、对接等施工过程的受力状态。

5.3.2 沉管隧道纵向分析可采用考虑接头刚度的弹性地基梁模型进行计算。

【条文说明】根据相关研究成果，管节刚性接头抗弯刚度可取为本体刚度的一半，柔性接头抗弯刚度可取为本体刚度的 1/500～1/600。具体工程设计时需根据采用的构造情况开展试验来准确确定。

5.3.3 管节结构横断面静力计算应合理选用各荷载的分项系数,对不同荷载组合进行承载能力极限状态和正常使用极限状态的计算,得出不同工况下的结构内力、变形量及裂缝宽度。

【条文说明】承载能力极限状态指结构或构件达到最大承载能力,或达到不适于继续承载变形的极限状态。当结构或结构构件出现下列状态之一时,应认为超过了承载能力极限状态:

(1)整个结构或结构的一部分作为刚体失去平衡(如倾覆等)。
(2)结构构件或连接因超过材料强度而破坏(包括疲劳破坏),或因过度变形而不适于继续承载。
(3)结构转变为机动体系。
(4)结构或结构构件丧失稳定(如压屈等)。
(5)地基丧失承载能力而破坏(如失稳等)。

正常使用极限状态指结构或构件达到正常使用或耐久性能中某项规定限度的状态:
(1)影响正常使用或外观的变形。
(2)影响正常使用或耐久性能的局部损坏(包括裂缝)。
(3)影响正常使用的振动。
(4)影响正常使用的其他特定状态。

正常使用极限状态的验算内容有:变形验算和裂缝控制验算(抗裂验算和裂缝宽度验算)。

5.3.4 对于局部受力复杂的管节结构,宜采用三维数值模型进行计算分析。

5.3.5 管节干舷高度可采用式(5.3.5)计算,如图 5.3.5 所示。

$$H_b = H - \frac{W_s + W_f}{BL\gamma_w} \quad (5.3.5)$$

式中:H——管节设计高度,m;
W_s——管节自重,kN;
B——管节设计宽度,m;
W_f——舾装件重力,kN;
L——管节有效设计长度,m;
γ_w——水体重度,kN/m³。

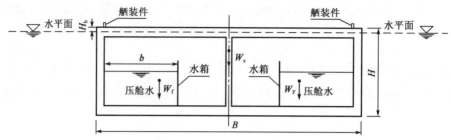

图 5.3.5　管节浮态干舷计算图

5.3.6　管节定倾高度可按式(5.3.6-1)计算,如图 5.3.6 所示。

$$\overline{MG} = \frac{J - \sum J_w}{V} - \overline{GF} \tag{5.3.6-1}$$

式中:$\overline{MG}$——管节定倾高度,m;

　　　J——浮运时管节对通过重心铅垂线的惯性矩,m^4;

　　　J_w——浮运时管节内压载水箱中水体对重心铅垂线的惯性矩,m^4;

　　　V——管节排水体积,m^3;

　　　$\overline{GF}$——管节浮心至管节重心间的距离,m。

当管节倾斜较小时,倾斜角 ϕ 可按式(5.3.6-2)计算:

$$\phi = \frac{\sin^{-1}M_k}{\gamma_w V \times \overline{MG}} \tag{5.3.6-2}$$

式中:M_k——因偏心或水平力而引起的管节倾覆力矩(kN·m)。

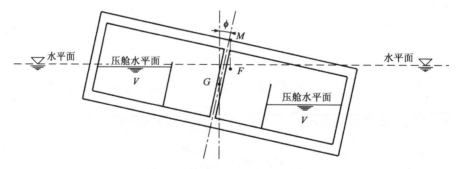

图 5.3.6　管节浮态时定倾高度计算图
G-重力重心;F-浮力重心;M-定倾中心

当管节浮运、沉放、对接过程中,因偏心力、锚拉、侧向牵引、横流而出现较大的倾角时,应通过专项评估或物模试验稳定性验算与评价。

【条文说明】管节浮运、系泊时,维持管顶面水平对于其稳性至关重要。一般情况下浮运、系泊过程中允许管节出现小量倾斜,但当管节倾斜角大于10°时,必须采用船舶工程稳定性计算方法验算。

5.4 横断面设计

5.4.1 管节横断面设计应符合以下规定：

(1) 应根据隧道建筑限界、通风照明监控、排水、消防等营运设施安装及施工误差、工后沉降、压缩层厚度、路面层厚度等空间要求进行管节横断面设计。

(2) 管节横断面布置应根据预期功能要求，选用单孔或多孔的矩形断面，横断面形状宜左右对称。

(3) 应根据静力计算、接头剪力键及防水构造布置、预应力设置、施工工艺等因素综合确定管节结构尺寸，并验算干舷高度、抗浮安全系数、定倾高度等。管节结构横断面宜采用统一的内轮廓形状与尺寸。

【条文说明】管节结构设计是一个需要反复优化的动态过程，在满足通风要求、结构受力、逃生救援、管缆布置、便于施工的前提下，尽量做到横断面布置紧凑、结构与接头受力合理、接头防水可靠、工程量最省、工程风险可控。主要设计内容包括横断面布置、结构受力及浮态控制三个方面，通过不断调整优化布置尺寸，最终比选确定出一个各方面都满足的管节横断面布置形式。

5.4.2 管节干舷高度计算应考虑管节结构尺寸、混凝土重度、结构含钢量、水体重度、施工临时荷载、管节制作误差等因素，完成舾装后的管节干舷高度宜控制在 10~30cm。

【条文说明】管节干舷高度对管节浮运和沉放影响较大，因此设计中要认真对待、仔细验算，需考虑到结构混凝土浇筑质量、尺度和水体重度的变化。干舷高度太大会加剧管节浮运的振荡与摇摆，浮态稳性较差，并加大沉放控制难度，比如压载水箱容量要求大、灌水和排水时间加长；干舷高度太小则会增大管节拖运阻力和航道触底可能性，也不利于沉放控制。当舾装后的管节干舷高度过大时，可通过管顶混凝土压重或管内压重进行调节。

5.4.3 应充分考虑极端工况进行干舷高度验算，避免后期管节浮运、安装采用助浮措施。

【条文说明】管节浮运过程安全与否的一个重要控制指标是干舷高度，按一般工程经验介于 10~30cm 之间较合适，但对于复杂海况条件下，管节施工前和施工中仔细调查海水质(包括分层盐度、温度、泥沙含量、悬浮质含量等)的变化是必要的。确定出一个合适的干舷值是结构及其舾装件设计的基本内容，也是管节结构"浮得起、沉得下、待得稳(浮不起)"的要求。外海环境下尽量取上限值，即使偶有波浪越过管顶，影响相对较小。设计和施工中要尽可能避免出现干舷值过小或过大，并及时采取额外助浮设施、管顶混凝土压重等可靠措施解决可能带来的后续问题。

5.4.4 管节定倾高度应结合施工期受到的侧向牵引力及横流力等进行稳定性验算,处于漂浮状态时其取值不宜小于30cm,必要时应通过管节倾斜试验得出合适的定倾高度。

【条文说明】管节定倾高度关系到管节浮运和系泊过程中稳性和稳态,对于管节小倾角情况,定倾高度为正值时,可认为管节处于稳定状态,否则处于不稳定状态。由于外海波浪流变化莫测,施工中实施水流力和拖曳力监测十分必要。在施工前,可通过模型试验获取定量数据指导设计与施工,然后再通过施工监测进行反馈调整设计,避免管节发生较大偏转角度,维持管节浮运、系泊全过程的足够稳性。当管节偏转出现大于10°倾角时,必须按照船舶工程方法进行稳定性验算。

5.4.5 应对沉管隧道进行施工及运营阶段的沉放及抗浮安全性验算,管节抗浮安全系数 f_s 应符合以下规定:

1)施工期间

管节沉放、对接:$f_s = 1.01 \sim 1.02$

管节沉放就位后:$f_s \geq 1.05$

2)运营期间

管节结构自重 + 混凝土压重:$f_s \geq 1.06$

管节结构自重 + 混凝土压重 + 管顶回填防护体荷载:$f_s \geq 1.15$

【条文说明】根据国内外沉管隧道工程经验,从利于结构长期稳定的角度出发,管节结构计算时要考虑顶部回填防护体的荷载作用,但是计算管节最小抗浮安全系数时不考虑顶部回填物的贡献,管节在运营期主要靠自身重量满足抗浮要求。管节最小抗浮安全系数计算仅考虑管节结构所用的钢筋、混凝土和钢材、预埋钢构件和预应力(若有的话)、压舱混凝土、检修道、管节底部外侧墙趾上部土石(若有的话)等重量,不包括管顶回填物、回淤物、块石保护层重量,也不包括管节侧墙的土体摩擦力。我国内河沉管隧道在基础处理阶段要求管节抗浮安全系数不小于1.04~1.05,压舱混凝土完成后不小于1.10。当完成管顶回填覆盖层后,管节抗浮安全系数一般不小于1.20(如上海外环隧道、广州珠江隧道等)。

考虑到港珠澳大桥沉管隧道深埋段长3km,管顶最大回淤厚度达23m的特点,结构设计时要考虑顶部回填和回淤层的影响,抗浮计算时要考虑管顶回填防护体的影响,但将长期回淤物作为安全储备并未计入抗浮验算。经论证计算,管节抗浮安全系数不应小于1.06,考虑顶部回填和回淤层的影响时不得小于1.15。

5.5 管节结构形式

5.5.1 应结合管节结构内力计算、耐久性要求及可施工性等因素,通过综合比选确定合理可行的管节结构类型。一般情况宜优先采用钢筋混凝土结构,也可根据具体情况选用钢壳混凝土结构或预应力钢筋混凝土结构。

5.5.2 应结合工程的建设条件进行技术、经济、工期、风险等综合比选后合理选用管节结构形式,宜采用整体式结构,也可采用节段式结构。

【条文说明】目前我国建成通车的珠江隧道、常洪隧道、上海外环隧道、广州仑头—生物岛—大学城隧道等沉管隧道均采用整体式钢筋混凝土结构。通过40多年的研究和工程经验,我国对整体式钢筋混凝土结构积累了较多的设计与施工经验,因而在沉管隧道工程的管节结构形式综合比选中整体式钢筋混凝土结构无论是设计还是施工、运营维护方面具有显著优势,特别是沉管隧道长仅数百米、规模适中、环境条件适宜时,优势更为突出。港珠澳大桥海底沉管隧道处于海洋环境、条件复杂、长度近6km、管节数量达33个、规模巨大,若采用整体式管节,受限于坞址和规模,需要开启干坞至少6次,预制质量保障性差、工期长、风险高,经过技术、经济、风险、工期、造价、环境等方面综合比选,推荐采用节段式预制管节方案。为保证节段预制与养护质量,通过调研与分析比较,采用工厂化生产方式。

5.5.3 当采用预应力钢筋混凝土结构时,应进行预应力耐久性设计,确保沉管隧道在设计使用年限内的结构安全。

【条文说明】根据调研,永久预应力技术在沉管隧道中应用事例很少,仅有古巴Havana隧道(1958年)、加拿大Lafontaine(1967年)隧道、荷兰Piet Hein隧道(1997年),国内尚无此类实例。由于国内外工程经验少且存在运营期耐久性保障的问题,因此一般情况下不推荐使用永久预应力技术。采用纵向预应力技术的主要目的在于减少隧道结构设计的纵向配筋率问题,还可使混凝土裂缝保持闭合,降低发生渗漏水的概率。采用横向永久预应力技术的主要目的在于优化多车道大跨度沉管隧道的顶板和底板结构设计,使管节混凝土结构更加经济合理。当锚头直接暴露于腐蚀性水体环境时,穿束、灌浆、防腐锚头需要细致实施。否则,会影响隧道设计使用年限。

5.5.4 采用整体式管节时,应根据现场条件及施工能力合理进行分段、分步浇筑;采用节段式管节时,应以节段为基本预制单元实施全断面一次性匹配浇筑。

【条文说明】整体式管节一般按照底板、外墙、中墙和顶板先后浇筑混凝土,通过在墙体设置冷却水管、后浇带等方式控制混凝土开裂。节段式管节长度划分要考虑实际施工能力和工艺控制水平,实现一次性匹配浇筑完全部混凝土,确保节段混凝土浇筑的整体质量。

5.5.5 应基于结构计算和工程经验,合理确定管节浇筑混凝土强度等级、板和墙厚度、配筋率等参数。管节结构混凝土设计强度等级不宜低于C40,不宜高于C60。

【条文说明】根据管节结构受力性能和浇筑方式,管节分成整体式与节段式。整体式管节浇筑工艺相对简单、工艺流程稳定、技术比较成熟,管节结构整体受力状态明确,为国内外大多数沉管隧道采用,相应的管节接头构造、力学性能、接头防水等技术均成熟、可靠。

节段式管节一般情况下以节段为预制单元一次性完成全断面浇筑、增加节段接头施工步序,且节段接头构造受力相对复杂。据调研和事例分析,节段式管节在地基刚度显著不均、差异沉降较大等条件下具有良好的适应性,有利于调节沉管隧道整体受力状态(如减小纵向顶底板弯矩),也可使得单个管节长度加大,减少管节浮运沉放次数,降低施工成本,有利于实现预定工期的目标。近年来全断面一次性浇筑的混凝土结构质量高,可控性强,风险低,故在欧洲应用最多,已成为一种成熟技术。比如2000年7月建成通车的丹麦—瑞典的厄勒海峡隧道、2010年12月通车的韩国釜山—巨济海底隧道。我国的港珠澳大桥海底沉管隧道经过长时间的反复论证,推荐采用节段式管节,这是我国首次采用节段式管节修建沉管隧道。

需要注意的是,由于不同工程情况千差万别,要具体分析研究采用哪种管节形式,通常情况下要通过纵向计算和抗震计算对整体式及节段式管节进行技术、工期、风险、造价等方面的综合比较后提出推荐方案。

整体式管节设计侧重于通过纵向计算来确定合理的管节长度、接头止水构造、分段长度、分段连接方式、浇筑顺序、裂缝控制措施等。节段式管节设计侧重于确定合理的节段长度、节段接头构造及止水装置、裂缝控制措施及耐久性保障技术。

根据国内外事例调研结果,我国已建沉管隧道管节混凝土有C30、C35、C40,低等级混凝土虽然有利于施工期控裂,但考虑到工程耐久性需求等因素,本指南规定沉管隧道管节混凝土设计强度等级不宜低于C40,结合有关计算和足尺模型试验结果,港珠澳大桥沉管隧道管节混凝土设计强度等级不宜低于C45,但如果超过C60,会带来建筑材料、配合比、施工工艺、混凝土质量、风险控制等诸多不确定性问题。

5.6 管节长度与节段长度

5.6.1 整体式管节长度一般不宜大于150m,节段式管节长度不宜大于180m,各浇筑分段或节段长度宜为15~25m。

5.6.2 分段长度应满足沉管段的长度、管节施工(预制、浮运、沉放等)、工期、造价及环保等要求,并结合纵向设计、航道规划、地质条件、海床形态等因素确定。

【条文说明】整体式管节受制于混凝土浇筑施工工艺与技术水平等因素,目前国内建成的沉管隧道管节长度介于 70~130m 之间,国外多在 100~150m 之间。节段式管节长度则主要受现今主要装备能力和工程经验等因素制约,在满足工期、造价、风险可控的前提下,尽可能加大节段长度和管节长度,有利于减少浮运沉放次数,降低工程成本,减少施工风险。

5.7 构造要求

5.7.1 隧道结构宜少设置施工缝。当需要设置施工缝时,应符合下列规定:
(1)底板、顶板不宜设纵向施工缝。
(2)边墙的水平施工缝不应留在剪力与弯矩最大处或底板与侧墙交接处。
(3)当边墙有孔洞时,施工缝距孔洞边缘应不小于 300mm。
(4)施工缝应有可靠的防水措施。

5.7.2 普通钢筋混凝土结构保护层厚度应符合以下规定:
(1)钢筋的混凝土保护层厚度应根据结构类别、环境条件和耐久性要求等确定。
(2)受力钢筋的混凝土保护层厚度不得小于钢筋的公称直径,且应符合我国现行规范、规程的相关规定。

【条文说明】港珠澳大桥海底隧道根据专题研究结论,管节钢筋采用表 5.7 所列的最小混凝土保护层厚度。

表 5.7 钢筋混凝土的最小保护层厚度

位置	结构外侧	结构内侧	中墙
保护层最小厚度(mm)	70	50	50

5.7.3 当沉管隧道采用普通钢筋混凝土构件时,纵向受力钢筋的最小配筋率应符合下列要求:
(1)轴心受压构件、偏心受压构件全部纵向钢筋的配筋百分率不应小于 0.5,一侧钢筋的配筋百分率应不小于 0.2。当大偏心受拉构件的受压区按计算需要配置受压钢筋时,配筋百分率应不小于 0.2。
(2)受弯构件、偏心受拉构件及轴心受拉构件的一侧受拉钢筋的最小配筋率应满足式(5.7.3)的要求,同时不应小于 0.20。

$$\mu_{\min} = \frac{4.5 f_{td}}{f_{sd}} \tag{5.7.3}$$

式中：$\mu_{\min}$——最小配筋百分率；

f_{td}——混凝土强度设计值；

f_{sd}——钢筋强度设计值。

【条文说明】此处受力钢筋即纵向受力钢筋,是指在构件的长边方向通过力学计算在受力部位设置满足承载力的钢筋,来满足结构强度和刚度的要求。常见的受弯梁下部或上部就是受力钢筋。纵向受力钢筋配置原则有：

(1)根据构件在承受荷载及地震等作用下,在结构中产生的效应(强度、刚度、抗裂)的计算结果配置钢筋。

(2)应不小于该类构件最小配筋率。

(3)满足最小配筋要求。

本指南建议纵向受力钢筋直径 d 不宜小于16mm。工程表明,选用直径相对较大的钢筋,目的是减少纵向弯曲,防止纵筋过早压屈。具体工程一般在12~32mm范围内选用。

此处钢筋间距即为同侧相邻钢筋之间的中心距,根据工程经验,其纵向钢筋的间距过小,混凝土浇筑、振捣不便,容易引起蜂窝、孔洞等不密实等缺陷。

6 接 头 设 计

6.1 一般规定

6.1.1 沉管隧道接头设计荷载依据纵向计算结果确定,接头构造设计应满足接头的水密性、耐久性、抗震性和可施工性的要求。

【条文说明】为保证管节止水带压接效果,管节端面应预制安装为铅垂面。根据国内沉管隧道建设经验,首先从隧道结构的纵向计算入手,再综合考虑基础刚度差异、混凝土收缩徐变、温度变化、地震产生的变形和应力等因素,合理设计节段接头构造形式,保障接头构造在运营期各种工况下的安全性。

沉管隧道管节接头是沉管结构及防水的薄弱环节,管节接头应满足水密性要求,具有抵抗各种变形的能力,要求其可施工性好,质量易得到保证,并便于检修维护。

6.1.2 管节接头宜采用柔性接头。管节接头剪力键可采用混凝土剪力键或钢剪力键,剪力键材料及构造应作为接头构造选型的重要内容,与接头防水措施统一考虑。

【条文说明】沉管隧道管节接头常采用 GINA 和 OMEGA 组成双道防水体系,国内外建成通车的一百多座隧道大多数采用这种柔性防水技术,效果好、可靠性高。根据工程经验,同一个管节接头不宜同时应用混凝土剪力键和钢剪力键。

6.1.3 混凝土剪力键结构验算应满足《混凝土结构设计规范》(GB 50010)的要求,钢剪力键结构验算应满足《钢结构设计规范》(GB 50017)的要求。

6.1.4 节段式管节的节段应采用全断面一次浇筑成型方式。整体式管节混凝土浇筑通常采用先底板、后内侧墙与外侧墙、再顶板的分步模式,可沿纵向适当布置后浇带,并在纵向与水平向施工缝处采用可靠、耐久的止水措施。

【条文说明】根据目前建成的节段式沉管隧道事例分析,为保证节段混凝土浇筑质量,无论采用干坞预制(如釜山海底隧道、Limerick 隧道、Coatzcoalcos 隧道等),还是工厂化预制(如厄勒沉管隧道、港珠澳大桥海底沉管隧道),节段均采用全断面一次浇筑成型工艺,且同一管节内相邻节段采用匹配浇筑。

6.1.5 节段接头构造选型与设计应遵循"受力合理、止水可靠、便于施工、经济合理、风险可控"的原则。

【条文说明】节段接头构造技术相对复杂,国内尚缺乏成熟经验,欧洲研究和应用最为成熟,如 2005 年荷兰发布的《沉管隧道节段接头设计规程》。港珠澳大桥海底沉管隧道设计采用的节段接头构造如图 6.1.5 所示。

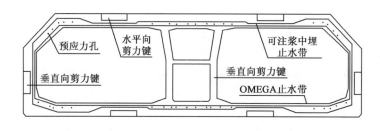 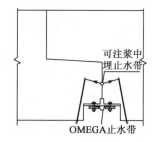

图 6.1.5 节段接头横断面布置与接头构造示例

1) 节段接头横断面布置

(1) 为减小剪力键受力,顶、底板和侧墙的剪力键应布置于节段横断面内力反弯点附近;中墙以承受竖向压力为主,为便于施工,中墙剪力键应布置在中墙靠下部位置。

(2) 应根据施工方案和现场施工条件,合理布置剪力键使之处于结构横断面内、外侧或中部位置,保证中墙、侧墙剪力键合理分担剪力,实现结构耐久可靠、施工便利、质量稳定。

(3) 中埋止水带布置应避免布置在受拉区,尤其不得布置在外侧受拉区。同时应考虑和 OMEGA 橡胶止水带之间预留足够的空隙,满足可能的抗震缓冲功能等内置构造要求。

(4) 节段端面预留槽孔应与 OMEGA 橡胶止水带吻合,不得出现受扭和影响压件固定等现象。止水带除了耐久、可靠之外,还应"可检修、可维护、可更换"。

(5) 管节内部压重混凝土、路基路面和内装防火等设计应与节段接头变形相协调,与构造性能相匹配,防水可靠、结构耐久、便于检修。

2) 剪力键尺寸确定

当根据节段接头受力及选用的剪力键材料特性进行剪力键尺寸设计时,在满足节段接头其他构造要求的前提下,应使剪力键的受剪面积达到最大,尺寸合理。

3) 剪力键材料确定

节段式管节剪力键材料应按照如下优先权选用:钢筋混凝土、钢筋混凝土与钢销组合、钢销。

4) 预应力束

节段式管节必须设置临时纵向预应力束,且预应力束布置及其预应力值应满足浮运沉放期间结构安全要求。

综合考虑剪力键受力性能与变形协调性、耐久性、预制工艺、模板加工制造、辅助安装措施、工期、造价、技术成熟度、风险分析等因素后认为,钢筋混凝土剪力键优于钢销剪力键,钢销剪力键可作为节段接头承载能力额外补强措施,可以在个别剪力较大节段的压重层中布置。

管节预应力束在管节横断面上布置应避开剪力键,必须保证各节段接头处压应力满足最小压应力(比如0.30MPa)要求,不得出现拉应力,且尽量均匀布置在中埋止水带内侧,保证结构受力合理。根据需要还应便于预留剪断措施。

6.2 管节接头

6.2.1 管节接头包括防水构造、剪力键及合适的附加纵向抗震限位措施。防水构造应采用GINA与OMEGA橡胶止水带双道密封止水。附加纵向抗震限位措施应根据地震工况纵向计算结果并结合工程实际进行确定。

【条文说明】管节接头主要包括防水构造、剪力键及附加抗震限位构造,如图6.2.1所示。管节之间接头是通过水力压缩GINA橡胶止水带实现初始水密性的。在管节对接完成之后,OMEGA或波形止水带作为主要水密性元件被安装在接头的内侧,然后在底部布置剪力键。当地震动力响应计算显示出接头处出现较大位移时,通常在接头内侧安装纵向限位装置。根据纵向静力计算和抗震计算结果,应选用合适的管节接头类型,一般情况下允许接头产生转动与伸缩。为降低剪力键所受荷载,可在接头处的大部分不均匀沉降量发生后再浇筑钢筋混凝土剪力键或安装钢质剪力键。

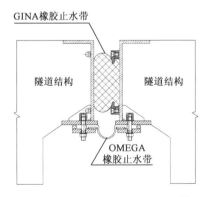
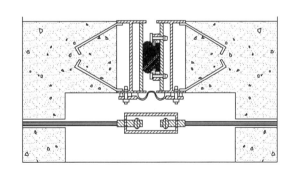

图6.2.1 管节接头构造形式示例

6.2.2 GINA橡胶止水带选型及设计应符合以下规定:

(1)应根据各接头位置所处的最大与最小水深、可能产生的最大压缩变形量及管节横断面积,分段进行橡胶止水带选型。同时应根据温度变化、差异沉降、地震工况等发生的张合变形量,以及施工安装误差等因素,校核GINA橡胶止水带水密性的最小压缩量。

(2) GINA 橡胶止水带的胶料应满足硬度、强度、伸长率及热老化性等物理性能指标的要求。

(3) GINA 橡胶止水带固定方式宜采用卡箍或穿孔，螺栓（母）和压件等紧固件在水力压接后应保持正常工作状态，其水密性应满足设计的耐久性要求。

【条文说明】GINA 橡胶止水带选型的决定因素是水压大小与最小压缩量，最小压缩量是指管节对接后靠水压得到的初始压缩量减去随后由于温度下降、混凝土收缩、不均匀沉降与地震运动造成的最大接头张开量。同时，在接头张开量的计算中还应考虑施工允许的容差与 GINA 橡胶止水带刚度（由厂商提供压力-压缩量曲线）、额外的安全储备、橡胶产品在设计使用年限中的松弛等因素。水压力越大，对止水带产生的压缩量越大，产品的性能与之相适应才能保证水密性。水浅处的接头压缩量比深水处的相对要小。

港珠澳大桥海底隧道止水带选型与计算要考虑端钢壳表面平整度、可能发生的横向转动位移、GINA 橡胶止水带自身刚度偏差与后期可能发生的松弛变形量等因素，一般要求 GINA 橡胶止水带压缩量比设计水密性时的压缩量大 10mm 左右。GINA 橡胶止水带正常使用状态下水密性安全系数应为 1.75，偶然工况下应为 1.25。

6.2.3 OMEGA 橡胶止水带选型及设计应符合以下规定：

(1) 应根据管节接头可能承受的水压值、产生的三向位移量等要求进行 OMEGA 橡胶止水带选型，以确定 OMEGA 橡胶止水带断面尺寸。

(2) OMEGA 橡胶止水带的胶料应满足硬度、强度、伸长率及热老化性等物理性能指标的要求。

(3) OMEGA 橡胶止水带安装后，必须进行检漏测试，检漏压力应在可能作用的最大水头压力的基础上留有足够的安全系数，OMEGA 橡胶止水带接头张开量可根据标定的张开量与水压关系曲线，结合水头压力计算。

(4) 对管节接头端钢壳、接头连接件、预应力拉索及其紧固件、OMEGA 橡胶止水带的金属紧固件等应采取相应的防腐蚀措施。

【条文说明】OMEGA 橡胶止水带及其紧固装置是在管节沉放到位、检查 GINA 橡胶止水压接完好后进行安装的，因此应现场测试安装后的止水带水密性。所施加的检漏水压力应与该接头处的水压力相匹配，过高的水压有可能会破坏水密性，过低的水压又达不到检漏的目的。根据经验，检漏水压可以接头底面最大水压加 5m 的水头压力或以底板处最大水压乘以测试系数 1.2。同时也可判断 GINA 橡胶止水带是否处于正常工作状态。

港珠澳大桥海底隧道 OMEGA 橡胶止水带选型要考虑 GINA 橡胶止水带自身刚度容差、紧固系统安装误差、可能发生的接头转动，要求 OMEGA 橡胶止水带紧固接触面压力安全系数、抗裂强度安全系数、紧固强度安全系数在正常使用状态下应为 1.75,偶然工况下应为 1.25。

6.2.4 管节接头剪力键可采用钢筋混凝土或钢结构材料,剪力键设计应符合以下规定:

(1)为满足地震、温度、地基沉降、差异荷载等作用下接头处荷载和变形要求,管节接头位置应配置竖向剪力键和水平剪力键。

(2)竖向剪力键承受运营阶段竖向剪力,在中隔墙或侧墙上成组设置,根据纵向计算结果,必要时在中隔墙及外墙均设置。

(3)水平剪力键承受地震工况下水平剪力,在顶板或底板上成组设置,根据纵向计算结果,必要时可在顶板或底板设置。如果压重层满足条件,底板水平剪力键尽量设置在压重层中。

(4)应根据纵向计算与现场条件,合理选择剪力键受力面之间的弹性支座或弹性垫层。

【条文说明】管节接头的剪力键是预制管节结构的主要传力构件,分垂直与水平剪力键两种类型,需要满足地震、温度、不均匀地基沉降、差异荷载作用下的变形与受力要求,可根据剪力分担、施工便利性等因素,确定采用钢筋混凝土或钢结构的类型,但同一接头部位应尽量采用相同类型。当管节沉放到位、确认对接满足设计要求后,应对接头开展施工监测,若接头错动量或张开量区域稳定后,可以开始按照设计要求依序安装剪力键。弹性支座或弹性垫层的选用要体现后期剪力键的受力和变形特点。

6.2.5 附加纵向抗震限位装置设计应符合以下规定:

(1)宜根据隧道抗震设防要求、受力变形分布特点、可实施性等来选用钢索型或钢板型限位装置。

(2)应与接头处的剪力键、止水带等构造布置和力学特性相协调。

【条文说明】沉管隧道应根据纵向抗震计算成果,确定是否有必要设置接头纵向限位装置以及设置的具体位置和数量。日本和土耳其等国家在沉管隧道特定的管节接头处多采用钢索型限位装置或能够承受大变形的特制止水带,国内上海外环隧道、广州珠江隧道采用钢索型或波形钢板实现限位目的。

6.3 节段接头

6.3.1 节段接头设置在管节内各节段之间,主要包括防水构造、剪力键、预应力等构造。防水构造应采用双道密封止水,可选用中埋式止水带与 OMEGA 橡胶止水带。

【条文说明】 节段接头止水通常采用 OMEGA 橡胶止水带和可注浆钢边止水带两道止水装置,如图 6.3.1 所示。和管节接头主要依靠 GINA 橡胶止水带压接实现止水不同,节段接头防水体系中可注浆钢边止水带作为外道防水措施,OMEGA 橡胶止水带作为第二道防水措施。施工中应确保外道中埋式止水带安装可靠,紧固到位,OMEGA 橡胶止水带虽然作为第二道止水措施,同样也要求安装可靠。

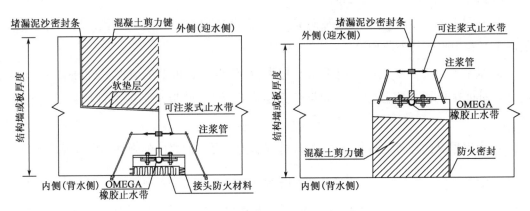

图 6.3.1 节段接头构造示例

6.3.2 中埋止水带选型应符合以下规定:

(1)应结合节段接头最大水压、温度变化、差异沉降、地震工况等发生的位移量,综合进行中埋止水带选型。

(2)应满足设计使用年限内水密性与耐久性的要求。

【条文说明】 可注浆止水带的中间部位为橡胶,两侧为金属条。金属条上附着海绵,注入的树脂等浆液可以沿着金属条进入混凝土中的空洞或裂缝,实现灌浆密实、防水的功能。一般在干坞完成管节预制后,根据检查情况,通过预留的注浆管可以实施注浆,直到满足设计要求为止。

港珠澳大桥海底隧道节段接头选用的可注浆止水带如图 6.3.2 所示,其撕裂强度安全系数在正常使用极限状态下应为 1.75,偶然工况下应为 1.25。

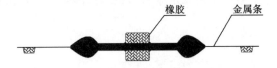

图 6.3.2 中埋式止水带构造图示例

6.3.3 节段接头剪力键通常采用混凝土剪力键,节段之间匹配浇筑,剪力键设计应符合以下规定:

6 接 头 设 计

（1）为满足地震、温度、地基沉降、差异荷载等作用下接头处荷载和变形要求，节段接头位置应配置竖向剪力键和水平剪力键。

（2）竖向剪力键承受运营阶段竖向剪力，在中隔墙或侧墙上成组设置，根据纵向计算结果，必要时在中隔墙及外墙均设置。

（3）水平剪力键承受地震工况下水平剪力，在顶板或底板上成组设置，根据纵向计算结果，必要时在顶板或底板均设置。

（4）剪力键受力面之间应合理设置弹性垫层，使剪力键能适应一定的变形，降低剪力键剪力，也有利于剪力键受力均匀。

（5）节段接头两端面及剪力键榫、槽非受力面之间应设置隔离垫层，确保剪力键匹配浇筑完成后，节段接头应适应允许的张开量或扭转角。

【条文说明】港珠澳大桥沉管隧道设计的节段接头构造如图6.3.3-1所示。

港珠澳大桥沉管隧道研究表明，节段接头最大剪力与不均匀地基刚度百分比变化系数满足线性关系，如图6.3.3-2所示。

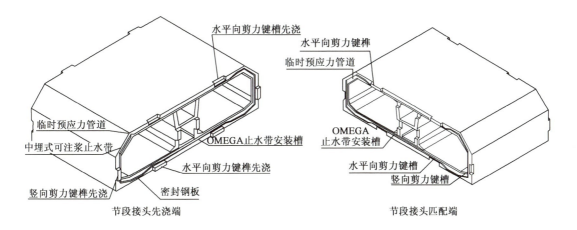

图6.3.3-1 节段接头构造示意图

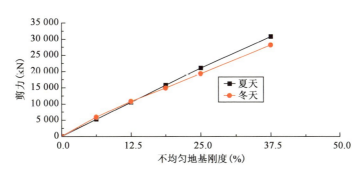

图6.3.3-2 节段接头剪力值随不均匀地基刚度变化

6.3.4 预应力构造

(1)沉放前管节内各节段应采用纵向预应力连接成整体,待管节沉放后,根据监测反馈信息选择合理时机剪断预应力。

(2)当采用纵向临时预应力时,在节段接头附近应预留钢束切断措施。预应力钢束切断后,应采用微膨胀水泥砂浆对切断孔进行注浆充填。

(3)当采用纵向永久预应力时,应采取措施保证满足在设计使用年限内预应力系统的耐久性要求。

6.3.5 节段接头混凝土剪力键设计应考虑纵向弯曲与横向扭转综合作用。

【条文说明】纵向弯曲与横向扭转是节段接头剪力键的主要受力模式,尤其是地震工况下沉管隧道可能发生竖向振荡、水平蛇曲等变形。室内模型试验表明,纵向弯曲工况下起控制作用的是中墙剪力键,中墙剪力键的破坏为由压应力主导的端角受压破坏,裂缝与结构端面呈30°~60°。横向扭转工况下起控制作用的是侧墙剪力键,侧墙剪力键的破坏为由相互垂直的拉压应力共同主导的破坏,裂缝位于剪力键与结构衔接处,与端面呈45°方向扩展。

6.3.6 应通过数值计算合理确定节段接头竖向剪力键间的剪力分担比,并和接头结构设计尺度相匹配。

【条文说明】节段接头竖向剪力键间的剪力分担比与横向地基刚度密切相关,地基刚度的不均匀会显著改变侧墙剪力键的受力。港珠澳大桥沉管隧道计算表明,横向均匀地基刚度条件下,侧墙剪力键剪力:中墙剪力键剪力=50.1:49.9,基本为均匀分担。横向不均匀地基刚度条件下,单剪力键剪力变化值与不均匀系数基本成正比,不均匀系数每增加5%,侧墙单键剪力变化为650~700kN,中墙单键剪力变化为100~150kN。

6.4 最终接头

6.4.1 最终接头可选用干作接头或水下接头,其位置应根据水深、施工条件、工期策划选定,且水深尽可能浅。

6.4.2 最终接头不宜太长,一般取1.5~3m。

6.4.3 最终接头临时封水之前,应在水下安装纵向临时支撑或临时楔块,其强度与刚度应满足GINA橡胶止水带回弹的受力要求。

【条文说明】最终接头位置要根据水深、施工条件、工期策划选定,为便于潜水施工安全、止水可靠、风险最低,尽可能选择水深浅、水流流向与流速基本稳定、泥沙含量少的区段实施最终接头。通常采用水下止水板方式，即在最终接头位置处的面板完成后，将接头内部的水抽出，在接头处从隧道内浇筑混凝土最终把接头封住。在条件允许时，应优先选用陆上干环境下施工最终接头。日本前些年研制出 V 形、楔形预制式最终接头并在工程中应用，但是事例不多。

7 抗 震 设 计

7.1 一般规定

7.1.1 抗震设防烈度为Ⅵ度及以上地区的沉管隧道，应进行抗震设计。

【条文说明】调研表明，国内外在地震强度高或频发的区域已建成沉管隧道至今运营良好。地震动作用下会使沉管隧道横断面产生变形和截面内力，即歪斜效应。和沉管隧道纵向蠕动响应、竖向和水平向蛇曲效应相比，这种效应通常是次要的，可以忽略。纵向蠕动响应会引起沉管隧道接头张开和压缩，竖向和水平向蛇曲效应则会引起沉管隧道结构一侧张开，而另一侧受挤压，导致接头承受较大的震动剪切力，这主要由传播速度较慢的 S 波作用引起，而传播速度较快的 P 波作用比 S 波作用小得多。

沉管隧道设计时还应重点关注地震动作用下沉管隧道下卧土体的横向和纵向位移，这会导致隧道管节结构产生剪力和弯矩，并在接头处产生轴向不均匀变形（即接头扭转、张开或压缩）。

根据《建筑抗震设计规范》（GB 50011），港珠澳大桥地区的抗震设防烈度为Ⅶ度，据地震动参数专项研究得出，在 E2 级设防标准下 $PGA = 1.475 m/s^2$。

7.1.2 沉管隧道应选择在基床稳定、水流流向稳定、流速较缓、水深较浅、水道顺直、地层连续性好、利于抗震的地段。两端洞口应避免设置在可能引起震陷、液化等地质灾害的地段。

7.1.3 应基于隧道区的地震动参数建立合适的计算模型进行抗震验算。抗震验算包括隧道结构、接头及地基稳定性等内容。

【条文说明】建立沉管隧道的多质点-弹簧模型进行反应位移法分析是一种常用的抗震分析方法，也是日本土木工程师协会推荐使用的方法，如图 7.1.3 所示。这种方法比把沉管段看作一根连续梁的解析方法更接近实际工程。其应用前提主要是两个假定，即基岩上表层土的自振特性不受隧道的影响，且表层土振动以一阶剪切振动为主；不考虑隧道自身振动，只考虑地震作用下隧道随土体一起振动。纵向将土体简化为质点、隧道结构则简化为弹性地基梁，质点之间、质点与地基梁之间、质点与基岩之间分别用不同性能的弹簧来连接，从而形成多质点-弹簧模型进行抗震响应计算，最终得出地震工况下沉管隧道内力和变形。

7 抗震设计

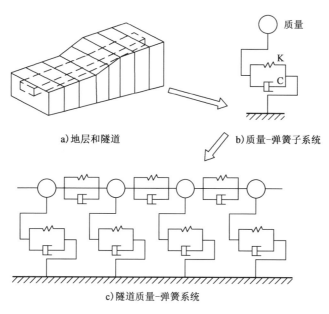

图 7.1.3 质量-弹簧分析模型示例

为了弥补多质点-弹簧模型分析方法没有考虑沉管隧道惯性力和水土压力的不足,更加真实反映实际状况,可以采用以下方法:

(1) 基于 Winkler 地基梁的频域分析方法。此时,将地基土简化为动力 Winkler 模型,沉管隧道离散化为多个集中质量点,管节结构用梁模拟,接头则用弹簧模拟。除了考虑隧道质量惯性的影响,还要考虑土体动刚度及阻尼及外部荷载频率有较大相关性。

(2) 建立隧道结构与土体的三维有限元模型进行地震响应计算可以得出隧道结构的地震响应及其与土体之间的相互作用,但计算相当费时、效率低。

7.1.4 沉管隧道地震响应宜选用反应位移法、动力时程分析法等进行计算。也可选用地震系数法进行计算。

【条文说明】沉管隧道纵向地震响应分析可采用反应位移法、基于 Winkler 地基梁的频域分析方法。反应位移法可选用多质点-弹簧模型进行分析,其实质是一种拟静力分析方法。经验表明,水平地震作用通常大于竖向地震作用,故一般只考虑水平轴向和水平轴直角方向的地震响应,且两个方向的作用相互独立,互不耦合。

采用动力时程分析法进行沉管隧道地震响应分析时,可以输入基岩面的地震波,但以输入工程基岩场地上强震记录的地震波为最佳,也可输入工程场地人工合成波、El Centro 波、Kobe 波等。地震动输入通常有一致输入、行波输入,对于港珠澳大桥海底沉管隧道,考虑来自不同点的地震波输入及传播过程更为合理,因此选用多点非一致激励地震输入进行抗震分析验算。

地震系数法则将设计地震系数乘上结构和土体的净重可得到地震引起的惯性力,惯性力包括两个,水平方向和垂直方向。隧道内的附属设施和通风塔可能有很大的惯性力,必须提高其设计地震系数。地震的水平土压力用 Mononobe 和 Okabe 的土压公式(Mononobe,1924)计算。沉管隧道顶板上的覆盖压力等于覆盖土重量乘以 $(1\pm k)$,k 是垂直的设计地震系数。

上述几种抗震计算方法详见附录 D。

7.1.5 沉管隧道抗震设防标准可按照表 7.1.5 的要求确定。

表 7.1.5　沉管隧道抗震设防标准

设防标准	构件类别	结构性能要求	受力状态	地基及回填
E1	主要构件	无损伤	保持弹性	不液化
E2	沉管结构	无损伤	保持弹性	不液化
	剪力键、减震构件	局部损伤	局部塑性	
	止水带及其固定件	基本不受损伤	正常工作	

【条文说明】一般情况下,管节中的弯矩和剪力由隧道结构本身来抵抗,不需要额外配筋。但是,接头处较大的剪力则可能需要在隧道接头处布置大尺度或高强度剪力键,而高强钢质剪力键构造复杂、笨重、安装与维护成本高。港珠澳大桥沉管隧道设计按照 ODE(运营设计地震,对应于 E1 级设防标准,120 年超越概率 63%)、MDE(最大设计地震,对应于 E2 级设防标准,120 年超越概率 10%)两种工况开展沉管隧道抗震性能计算,使接头构造满足地震工况下抗剪能力、接头张合变形量和水密性要求,同时处理后的地基不能产生液化。

7.1.6 除特别简单场地外,应依据具体沉管隧道工程的抗震设防及相关技术要求,通过开展专项的地震动参数研究,进行抗震设计与验算。

【条文说明】根据《港珠澳大桥工程场地设计地震动参数评价报告》,海底沉管隧道位置的主要地震参数如下:

120 年超越概率 63%,对应的基岩动峰值加速度 PGA = 52.9cm/s²;

120 年超越概率 10%,对应的基岩动峰值加速度 PGA = 147.5cm/s²。

表 7.1.6 给出了场地基岩水平向动峰值加速度。

表 7.1.6　场地基岩水平向动峰值加速度(cm/s^2)

超越概率	120 年					
	63%	10%	5%	4%	3%	2%
海底隧道	52.9	147.5	190.7	205.6	225.7	256.1

7.2 抗震验算

7.2.1 沉管隧道地震力荷载组合包括：

(1) 永久荷载：结构自重、上覆回填物重力（包括回淤物）、土侧压力、静水压力、动水压力、混凝土收缩与徐变、边载、地基不均匀与基础变位影响、设备等附属自重。

(2) 可变荷载：车辆、梯度温度应力、潮汐等引起的水位变化、波浪力、车辆冲击力、施工荷载、风机等设备引起的动载。

(3) 偶然荷载：地震力。沉管结构地震惯性力及地震动水、动土压力可以参照《港口工程荷载规范》(JTS 144-1)、《公路桥梁抗震设计细则》(JTG/T B02-01)规定取值。

7.2.2 沉管隧道抗震验算应符合以下规定：

(1) 水平方向设计基本地震动参数宜采用地震主管部门批准的工程场地地震安全性评价或经专门研究的结果确定，场地地表竖向设计地震动峰值加速度取值应不小于水平向峰值加速度的0.65倍。

(2) 地层弹簧动刚度包括水平方向、竖向及纵向三个方向。水平方向弹簧刚度与地层分布及回填情况相关，只考虑受压特性；竖向弹簧刚度与地层分布、基础类型相关，可通过静力竖向刚度乘以系数求得；纵向弹簧刚度应根据竖向荷载、结构与回填或基础垫层的摩擦特性确定。

(3) 建立荷载-结构模型进行沉管隧道抗震分析计算时，应输入隧道底部设计高程处的地震动参数。

(4) 应结合具体工程状况合理确定地层的阻尼系数、接头刚度值、地基基床系数进行沉管隧道的纵向动力响应分析。一般应开展三维动力响应分析。

(5) 宜通过专门试验准确获取用于抗震计算的接头构件的刚度值。

【条文说明】 港珠澳大桥海底隧道进行地震时程分析时，分别考虑了水平方向和竖向地面运动。竖向地面运动反应谱可取水平地面反应谱乘以比例系数 k 的方法来确定。对于基岩，此系数 k 可取0.65，对于土体可按照以下公式选取 k。

$$k = \begin{cases} 1 & T < 0.1\text{s} \\ 1.0 - 2.5(T - 0.1) & 0.1\text{s} \leq T < 0.3\text{s} \\ 0.5 & T \geq 0.3\text{s} \end{cases}$$

式中，T 为反应谱特征周期（或称卓越周期），是工程场地的固有周期。

7.2.3 地基、基槽及回填验算

（1）应验算沉管隧道在地震工况下周围原状土层、底部垫层、回填覆盖层的抗震陷、抗液化等稳定性。

（2）沉管隧道地基承载力、基槽及回填防护稳定性验算可参照《水运工程抗震设计规范》（JTS 146）中地基及岸坡的相关条文。

（3）采用桩基础的沉管隧道（含通风竖井及其附属建筑物），应验算地震作用下桩基与沉管隧道间的相互作用。进行桩基础的水平及竖向承载力、水平位移等验算时，可参照《建筑抗震设计规范》（GB 50011）与《建筑桩基技术规范》（JTG 94）的相关条文执行。

7.2.4 结构横向验算

（1）宜对沉管结构-地层模型采用有限元法或有限差分法验算结构横断面的抗震安全性，也可采用地震系数法进行分析。

（2）当采用二维有限元法进行沉管隧道的整体动力计算时，隧道结构应选用梁单元，地层应采用平面应变单元，单元划分尺寸可结合地震波的波长确定。

（3）抗震计算时，结构混凝土、钢筋及钢板等材料的容许应力可适当提高。

7.2.5 结构纵向验算

（1）管节结构应验算结构本体及剪力键的内力，管节接头应验算接头轴向相对位移、横向相对位移。

（2）应考虑沉管隧道的温度变化和地基不均匀沉降使接头叠加地震力作用时可能发生的变形。

（3）应验算 E1、E2 水准地震作用下，冬季降温工况及夏季升温工况时沉管隧道的地震动力响应。

（4）纵向动力分析时，应依照接头止水带施工及运营期的最大、最小接头压力确定接头连接单元的力-变形特性。

（5）对长大沉管隧道（≥1 000m）进行纵向分析时，宜采用多点非一致激励的方法，以反映地震动作用下隧道各部分的变异性与相关性。

【条文说明】目前国外根据具体项目特点，多数基于一维波传播理论采用等效线性模型通过时-频转换来分析隧道场地的动力响应，例如 SHAKE2000。场地动力响应分析需要的动力学参数可通过原位测试和试验室动力测试获取。

市场上分析软件包尚无法有效求解多点非一致地震激励下特长沉管隧道结构的地震响应，而且建立考虑地震波传播影响的土体-沉管结构体系地震响应分析的波动方程仍十分困难，因此根据有限自由度体系的结构动力学问题分析，将其转化为多点激励地震响应分析的动

力方程进行求解是可行的。尤为注意的是,地震动激励方式、入射角度、海水动水压力对沉管隧道内力影响较大。

纵向地震动激励方向即地震波入射角度对管节接头的拉压变形影响很大。在纵向和竖向同时一致输入时,接头拉伸或压缩量达到最大,都需满足水密性要求。在横向一致激励下,接头横向剪力达到最大,在纵向和竖向同时一致激励且不考虑海水动压力时,接头竖向剪力达到最大。

(6)当接头剪力键设置有橡胶或沥青等垫层材料时,宜根据试验结果合理确定其刚度值。

(7)地层地质条件复杂时,应建立隧道的整体结构-地基土模型,进行三维动力有限元分析。

【条文说明】针对地震作用下沉管隧道地基土体系的地震响应问题,考虑材料的非线性和不同实体接触面的非线性特性,建立全三维有限元模型,利用高性能计算机进行并行计算,可以克服以往由于计算能力有限而不能进行大规模沉管隧道地震三维非线性响应分析的不足。计算表明,边界条件对动力有限元计算结果影响很大。因此,对沉管隧道动力有限元计算模型的准确性进行验证是必要的。动力有限元计算模型可采用底部海绵边界,以更好模拟无限域土体中波的传播。Gazatas基于均匀地质提出的动刚度系数、阻尼系数表达式可以用于分层地基情况。

(8)对于重大工程除了进行沉管隧道地震动力响应分析之外,还应开展振动台等三维动力物理模型试验进行对比验证。

【条文说明】接头抗震安全性是沉管隧道地震响应分析的重要内容,地震工况下接头轴力和相对变形(位移)量是衡量接头安全程度的关键指标。不同的抗震分析方法可能会导致不同的地震响应计算结果,有时计算结果甚至相差数倍以上。为此,依托港珠澳大桥沉管隧道,建立了大比尺的三维振动试验台,着重对管节接头开展了三维振动台动力模型试验研究,达到了预期目的,参见图7.2.5。

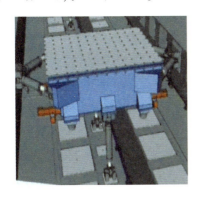
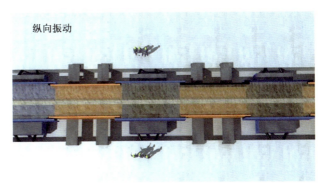

图7.2.5 三维动力物理模型试验台

7.3 抗减震措施

7.3.1 结构

(1)沉管隧道墙板转角处的动力响应显著,抗震设计应进行构造加强。

(2)对于抗震设防要求高的沉管隧道,若主体结构采用钢筋混凝土时,宜用外包钢板等形式提高防水性能。

(3)可采用加大截面配筋率、增加钢筋直径、合理布置钢筋,以及改用钢剪力键、加大剪力键受剪面积、调整剪力键布置、增设剪力销等措施。

(4)沉管隧道纵向地层变化或荷载差异较悬殊的地段不宜作为管节的分界点。

7.3.2 接头

(1)沉管段与暗埋段、通风塔的连接处宜采用能够承受来自于轴向或横向的大位移量的可动式抗震接头和限位索等装置。

(2)应通过提高接头刚度降低接头的相对位移量,除接头剪力键外,Ω 钢板、剪力销等可作为承担抗剪作用的构件。

【条文说明】抗震计算表明,管节间的连接方式对沉管隧道最大响应轴力的影响比较大,而对最大响应弯矩的影响不是很明显。同时,柔性连接对于减小轴力是有效的,对接头附近弯矩的影响较大,在距接头较远处弯矩接近于刚性连接情况,亦即柔性连接可使管节接头的动力性能得到有效改善。

(3)暗埋段应结合纵向计算合理设置抗震缝或沉降缝。

(4)干作接头应确保混凝土界面止水可靠、止水带安装符合设计要求。

(5)隧道接头可采取设置钢拉索、拉杆或无黏接的预应力筋、OMEGA 钢板等纵向限位装置,纵向限位装置可布置在管节顶板内侧或底板压重混凝土内部。

【条文说明】沉管隧道管节之间均设有周圈 GINA 橡胶止水带,抗震分析要根据 GINA 橡胶止水带的刚度特性进行动力模拟,一方面橡胶止水带可以有效吸收地震能量,另一方面地震会导致橡胶止水带产生位移,过大的位移是沉管隧道不能承受的,故通过设置剪力键或其他抗震措施使接头功能在动力作用下保持稳定。地震工况下沉管隧道轴向运动可能导致接头张开量过大,需要特别注意的是压接到位后的 GINA 不得承受来自于隧道轴向的拉伸力。为保证任何情况下接头不漏水,常常安装内贴式 OMEGA 止水带,与 GINA 相比,它具有良好的抵抗拉伸变形的能力。对位于强震区的沉管隧道,为了限制地震时接头的位移,通常需要采取一些额外的预防措施,比如接头处设置限位拉索或拉杆等。

暗埋段参照现行《混凝土结构设计规范》(GB 50010)、《地下工程防水规范》(GB 50108),按 20~30m 间距可设置一道接缝。

7.3.3 抗液化措施

(1)当地层可能发生较大的不均匀沉陷或地层液化时,应采用换填不液化土、桩基及其他地基处理方式。

(2)采用砂作为充填料的基础垫层时,应对砂样进行物理性质和抗液化强度的试验。

(3)可液化地层中采用桩基时,基桩应穿过可液化土层,并有足够的长度打入稳定地层。

(4)可液化地层中采用挤密砂桩等复合地基时,加固深度应处理至液化深度下界,并应对处理后土层进行标准贯入等原位试验验证。

(5)结构回填材料不应在地震时发生液化,不宜采用粉细砂和颗粒均一的中砂等作为回填料。

(6)打入桩应考虑打桩施工对土的挤密作用和桩身对液化变形的影响。

8 地基及基础设计

8.1 一般规定

8.1.1 沉管隧道地基与基础设计应遵循管节总沉降量和差异沉降量双控的原则,并满足结构受力、地基承载力和稳定性的要求。

【条文说明】基础选型与地基处理应以管节总沉降和基础的刚度变化范围为主要控制因素,土体允许的刚度变化范围通过隧道管节的容许内力和接头最大允许张开量要求分析确定。基础处理方案应为结构提供均匀的刚度或实现在不同区段之间刚度的平顺过渡。

8.1.2 天然地基无法满足沉管隧道设计要求时,应采取地基处理措施。

8.1.3 沉管隧道地基与基础设计应满足沉管隧道在运营期的安全、可靠,宜与岸(岛)上段的地基处理统筹考虑、综合确定,并与管节结构设计相协调。

8.1.4 采用两种及以上的混合基础时,应遵循构造及设计参数连续的原则,过渡界面应减小地基与基础刚度的变化,宜选择在荷载变化小、地层均匀的位置。

8.1.5 地基条件复杂时,应开展多种试验或现场测试,通过相互验证获取地基与基础设计的相关参数。

【条文说明】沉管隧道基础根据水文地质、工程地质、回淤覆土分布,结合岛上段基础形式、分段考虑地基加固处理措施。管底基础处理可以考虑选用挤密砂桩(SCP)、塑料排水板固结法、混凝土预制桩、钢管桩、钻孔桩、换填等及其组合方式。基础垫层设计应根据管节类型、施工工艺条件、抗震、地震液化、造价、风险等因素进行综合比选。

从沉管隧道基础设计的发展来看,按处理方法大致可分为先铺法和后填法两大类。先铺法包括刮铺碎石和桩基两种,后填法有喷砂、砂流、注浆之分。如果按照使用材料的不同,则可分为砂、碎石、注浆及桩基四种不同类型。

8.2 地基处理

8.2.1 地基处理设计应符合以下规定：

(1) 应结合地质、荷载、冲淤及管节结构形式等因素，依据纵向计算全段或分区间确定地基处理方案。

(2) 应与管节结构协同设计，满足运营期隧道结构安全的要求。

(3) 对于荷载、地质等突变的位置，宜采用基础刚度渐变的地基处理方式。

(4) 地基处理方案比选应考虑具体工程环境条件、施工设备的成熟度、工艺稳定性、质量可靠性、经济合理性及风险可控性。

8.2.2 水下换填地基设计的基本参数应根据现场典型试验结果进行确定。

【条文说明】工程实践表明，水下换填总厚度不宜太大。如大于10m，水下作业难度和代价加大，施工质量难以保证。

8.2.3 采用复合地基方案时，可选用挤密砂桩、水泥搅拌桩、旋喷桩、刚性桩、减沉桩等形式，具体方法参见《复合地基技术规范》(GB/T 50783)。

8.2.4 减沉桩复合地基沉降控制可通过增加桩长、设置合适厚度的垫层以及缩小桩间距等措施实现。

【条文说明】减沉桩这一概念由 Burland 等在1977年提出，此后国内外许多学者对其开展深入的研究。Poulos 与 Davis 研究了达到合理沉降所需的减沉桩数目。Randolph 提出了减沉桩对减小实际沉降和差异沉降的作用并研究了桩的位置对差异沉降的影响。Polous 分析了减沉桩在提高基础承载力及减小平均沉降和差异沉降上的作用并提出合理设计减沉桩的三个步骤。目前减沉桩方面的试验研究尚不多见，依托港珠澳大桥开展的专项试验表明(图8.2.4-1和图8.2.4-2)：刚性桩复合地基碎石垫层破坏时，当垫层厚度小于桩径时，在桩顶形成两个小三角核心区，土体滑移线从两个小三角核心区延伸到土体内部，但并未到达土体表面，属于局部剪切破坏；而当垫层厚度大于桩径时，在桩顶形成三角核心区，土体滑移从三角核心区一直延伸到土体颗粒表面，形成完整的滑动面。

根据以上特点，提出刚性桩复合地基碎石垫层的破坏模式。垫层厚度不同，复合地基负摩阻力中性点位置也不同，桩土应力比的规律也不同，当垫层厚度小于桩径时，中性点位置在 0.2~0.4 倍桩长处，桩土应力比随着荷载的增加而增大，且增长较快没有呈现稳定的趋势；而当垫层厚度大于等于桩径时，中性点位置在 0.7~0.9 倍桩长处，桩土应力比缓慢增大，最后呈

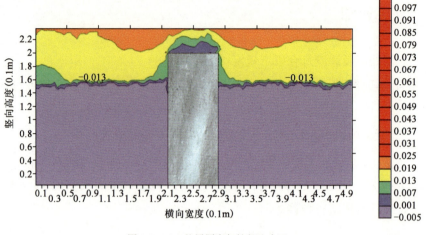

图 8.2.4-1 垫层厚度与桩径比小于 1

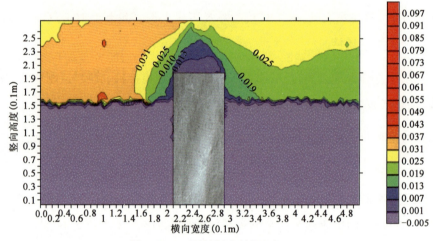

图 8.2.4-2 垫层厚度与桩径比大于 1

现平缓稳定的趋势。

减沉桩桩身轴力随桩入土深度的变化而变化,具体表现为从桩端开始随着入土深度增大而增大,到一定深度后($L/4 \sim L/2$ 范围内)达到最大值,随后轴力开始逐渐减小,到桩端达到最小值。此外,施加的荷载越大,桩身轴力变化的程度越大。

桩间土压力随着施加荷载的增大而增大,同级荷载下的土压力呈"中间大、两端小"的分布趋势。这与模型试验的条件有关,试验所用沉管刚度较大,基础不能适应土的变形,使土压力分布随上部荷载的大小、土的性质变化而变化;试验所用土为砂土,当受轴心荷载作用时,由于砂土之间没有黏聚力,基底压力会出现中间大、边缘处小的类似于抛物线的分布形式。桩土共同作用协调变形是减沉桩基础的重要特点。

8.2.5 排水固结地基的堆载预压范围应根据工后沉降控制要求确定,预压荷载大小应根据完成预定沉降所需要的固结时间进行确定。

8.2.6 应将隧道相邻管节接头,以及管节与暗埋段结构间的沉降差均控制在允许范围之内。

8.3 桩基础

8.3.1 在下列情况下,宜优先采用支撑桩基础:

(1)地质条件较差或上覆荷载较大,地基沉降或承载力等难以满足设计要求。

(2)基底处于可能液化或出现震陷的土层,地基处理措施难以奏效。

(3)施工期基槽回淤速率快,如月淤泥量大于30cm,且淤积物重度大于$12.6kN/m^3$。

8.3.2 应采用混凝土预制桩或钢管桩,并宜通过现场试桩获得桩基的打入性及承载力指标。

8.3.3 海水环境下应考虑桩基的耐久性,钢管桩设计时应计入腐蚀量。

8.3.4 桩与隧道结构的支撑连接可采用桩帽、后注浆囊袋、柔性垫层等方式,应与桩基作为整体进行设计。

8.3.5 桩基设计计算可参照《港口工程桩基技术规范》(JTS 167-4)。

【条文说明】当沉管基底处于深厚软土如淤泥质黏土层、粉土或可能液化或震陷的粉细砂层,或者施工期基槽回淤速率大于1cm/d或最终覆盖层厚度大于5m的情况,根据已建沉管隧道使用经验,沉管基础可考虑采用支撑钢管桩或预制管桩。也可根据具体情况考虑采用换填、挤密砂桩或水泥旋喷搅拌桩。

8.4 基础垫层

8.4.1 应根据基底地质、河床水文及施工装备与工艺技术等因素,选用先铺法或后填法基础垫层。

8.4.2 采用先铺法时,碎石垫层构造及材料选择应考虑管节结构、施工工艺、垫层力学性能、容淤、防冲刷、抗液化等因素,垫层厚度应能适应容许的地基沉降量,可取为0.6~2.0m。

8.4.3 先铺法碎石垫层宜设置成垄沟相间的形式,可采用整平船舶进行铺设。

8.4.4 先铺法基础垫层应通过试验确定碎石的合适粒径、级配以及模量参数。

8.4.5 当采用灌砂、流砂或喷砂等后填法时,施工时管节抗浮安全系数应不小于1.05,并满足填料的密实度与抗震要求。

【条文说明】管节铺设垫层的主要功能是充填管节底部与地基间的空隙,保证上部荷载均匀传递到下部地基,避免由于地基受力不均而导致结构的局部破坏,或者产生较大的不均匀沉降。由于水下基槽施工控制的精度要求高、地基处理后表层施工质量难以得到有效保证,同时施工期的回淤质也是不可避免的,因而沉管隧道无论是采用天然地基还是经过特殊措施加固后的人工地基均需在地基与管节间铺设基础垫层,特殊情况下不良地层中需要考虑采用桩基础。采用压砂、压浆等方法施工时,特别注意控制浆体压力,防止出现管节浮托力过大而导致上浮。

港珠澳大桥海底隧道碎石垫层采用无污染、耐挤压、级配良好、无侧限饱和抗压强度50MPa的微风化花岗岩碎石,其厚度和刚度通过试验确定。碎石垫层铺设完成后应按选定的水文、气象窗口及早完成管节安装。

8.5 设计计算

8.5.1 沉管隧道施工过程中,应对基础沉降情况进行系统监测,据此分析预测管节的永久沉降值和接头张合量,并评估地基沉降对结构安全的影响程度。

8.5.2 应基于隧道结构体系的分析提出合适的沉降控制指标,可按照式(8.5.2)计算纵向单位长度差异沉降的允许值:

$$[\Delta] = \frac{6Q\bar{k}\delta^2(1+\lambda+\lambda^2)\cdot\kappa}{[\bar{k}\delta L(1+\lambda+\lambda^2)\cdot\kappa - 6Q][\bar{k}\delta L(1+\lambda+\lambda^2)\cdot\kappa + 6Q]} \quad (8.5.2)$$

式中:λ——分布模式变化因子;
$\bar{k}$——平均弹簧刚度;
δ——平均刚度作用下的沉降值,mm;
L——管节长度,m;
Q——接头剪力键的容许剪力值,kN;
κ——面积形心因子,取值0.65~0.77。

地基刚度变化为直线形分布时,$\lambda = 0$;
地基刚度变化在接头两侧为突变形分布时,$\lambda = 1$;
地基刚度变化为正弦形分布时,$1 + \lambda + \lambda^2 = 6/\pi$。

【条文说明】零点长度指接头剪力的荷载影响线上距考察断面最近的数值零点到考察断

面的水平距离,如图8.5.2-1所示。地基刚度变化模式如图8.5.2-2所示。

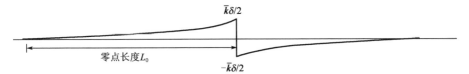

图8.5.2-1 接头剪力的荷载影响线

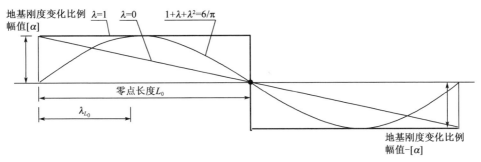

图8.5.2-2 地基刚度变化模式

8.5.3 沉管隧道天然地基的总沉降量包括碎石垫层压缩量、地基土层回弹再压缩主固结沉降量及运营期的次固结沉降量,可按照式(8.5.3)进行计算:

$$S = S_c + S_r + S_s \tag{8.5.3}$$

式中:S——基础总沉降量;

S_c——碎石垫层压缩量;

S_r——地基土层回弹再压缩沉降,对黏性土需根据前期固结压力与附加有效应力大小,确定选用合适的沉降量计算参数;

S_s——地基土层的次固结沉降量。

8.5.4 减沉桩复合地基的沉降量应包括桩顶垫层压缩量、桩顶沉降量及桩顶刺入量,可根据式(8.5.4)进行计算:

$$S = S_{sc} + S_p + S_{pc} \tag{8.5.4}$$

式中:S——复合地基沉降量;

S_{sc}——顶垫层压缩量,$S_{sc} = \dfrac{\sigma_p}{E_s} H_c$;

H_c——垫层厚度;

S_p——桩顶沉降量;

S_{pc}——桩顶刺入量,$S_{pc} = \dfrac{1-\nu_s^2}{E_s} \lambda_p D_p \sigma_p$。

桩顶刺入量计算中,ν_s为垫层泊松比;E_s为垫层压缩模量;D_p为桩体直径;σ_p为桩顶应

力;系数 λ_p 可按照下式取值:

$$\lambda_p = 0.79\sqrt{\frac{K_p}{K_a}\frac{I_{cr}}{I_r}}$$

其中,K_a、K_p 分别为库仑主动土压力系数和库仑被动土压力系数;I_{cr}、I_r 分别为垫层的临界刚度指标和垫层的真实刚度指标,可按照下式计算:

$$I_{cr} = \frac{1}{2}\exp\left[\left(3.30 - \frac{0.45B}{L}\right)\cot\left(\frac{\pi}{4} - \frac{\varphi}{2}\right)\right]; I_r = \frac{G}{c + q\tan\varphi}$$

式中:G——碎石剪切模量;

c——碎石的强度参数($c=0$);

q——基础侧面荷载;

L、B——基础长与宽。

【条文说明】为防止碎石刺入下伏黏土层,Bjørvika 隧道采用在基槽底部铺设一层土工布的工艺,效果较好。Aktion-preveza 隧道、Bosphorus 隧道及日本一些沉管隧道在大水深、强水流、震区沉管隧道施工时,在基槽先铺一层碎石,在管节临时支座设置后向管底预留的空隙压入水泥浆,实现地震时防止发生地基液化的目的。

8.5.5 复合地基沉降计算应考虑土体的应力历史、水下深槽开挖卸载再加载的效应以及基槽回淤对沉降的影响,并验证正常使用极限状态下沉管隧道基础沉降是否在隧道结构或接头的容许值范围内。

8.6 大边载隔离措施

8.6.1 当采用桩基且出现大边载作用时,沉管隧道可通过设置隔离桩的措施降低隧道基础的沉降及变形。

8.6.2 沉管隧道两侧大边载作用的影响深度分析应考虑地层特性、荷载大小、施工工况等方面的因素。

8.6.3 隔离桩长度应大于两侧大边载作用的影响深度,桩端应位于性状较好的土层当中。

8.6.4 隔离桩的纵向桩间距不应大于8倍的桩径。

【条文说明】隔离桩作为一种有效的基础防护加固手段,越来越受到重视和应用。隔离桩属于典型的被动桩,在侧移土体的作用下,被动桩产生弯矩和变形,具有很大的潜在危害性。如图 8.6.4-1 和图 8.6.4-2 所示,隔离桩桩径的增加不仅提高隔离桩对竖向变形的隔断作用能力,同时也使得隔离桩之间土拱效应增强。因此,隔离桩桩身最大轴力、弯矩随着隔离桩桩径的增加而减小,特别是弯矩的隔离效果随隔离桩桩径的增加而愈加显著。

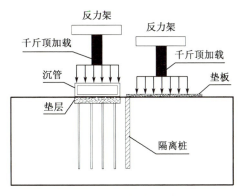

图 8.6.4-1　隔离桩试验

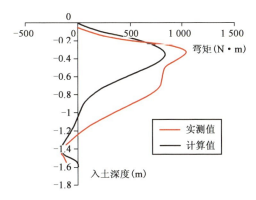

图 8.6.4-2　隔离桩桩身内力理论与实测对比

隔离桩桩间距的减小与隔离桩桩径的增加所产生的效果类似,减沉桩桩身最大轴力、弯矩均随隔离桩桩间距的减小而减小。同时,当隔离桩桩间距达到 8 倍桩径时,对轴力与弯矩的隔离效果可以忽略不计,研究认为 $8D$（D 为桩径）是隔离桩桩间距的上限值,当桩间距达到 $8D$ 时,轴力隔离效果很微弱。

隔离桩的设计是一个综合性的问题,不仅要考虑桩径、桩长及桩间距等因素的影响,还需要考虑经济性问题。因此,将桩间距按照临界最小桩间距设计不一定就是最合适的方案,需要综合上述多种因素进行考虑。

9 基槽与回填防护设计

9.1 一般规定

9.1.1 基槽的平面布置、尺寸、高程等应满足隧道总体设计的要求。基槽的平面轴线、纵断面形状应与沉管隧道的平纵面设计协调一致。

9.1.2 当基槽尺寸可满足管节沉放、基础处理等功能和安全要求时,应尽量减少基槽开挖横断面面积。

9.1.3 应根据沉管段的地层地质条件及基槽深度进行水下边坡设计。水文条件及地质条件复杂的深基槽,可通过现场试挖槽获取必要的设计参数。

9.1.4 管节回填防护设计应满足抗浮、抗侧移、防冲刷、防锚、防船撞等要求。

9.1.5 当人工岛岛头或岸边附近斜坡段的管顶露出河床(或海床)时,应根据相关要求在一定范围内设置水下护坦等防止失控、迷航船舶撞击管节结构。必要时,应开展专项研究指导设计。

【条文说明】施工期开挖的基槽属于临时工程,应满足隧道浮运、沉放安装及基础施工的基本要求。港珠澳大桥海底隧道基槽在运营期一段时间内仍将存在,故其基槽边坡稳定性是沉管隧道设计考虑的重要内容,计算分析时应考虑波流的作用力,对复杂地质条件下的深水深槽应开展针对性的试挖槽试验及观测,以获取隧道区水域成槽的经验。基槽开挖的弃土应妥善处理,严禁堆放在基槽两侧海(河)床上,如果能与堤岸或筑岛等建设相配合,可取得较好的经济效益。

为防止迷航、失航船舶撞击或紊乱的海流冲刷沉管隧道,给隧道安全运营带来隐患,应对隧道顶部一定范围内进行回填防护设计。对露出海床段的岛隧斜坡段隧道结构应根据防撞的功能需要,设置较大范围的水下防护区(如护坦、潜坝等),确保运营期管节的安全。

9.2 基槽

9.2.1 基槽开挖的平面轴线、纵断面形状应与沉管隧道主体工程的平纵面设计相协调。
(1)基槽应以沉管段平面轴线为中心进行布置,并根据沉管段埋设深度以及地质条件的不同而变化。

(2)采用先铺或后铺基础垫层的沉管基槽应以垫层底高程作为基槽底控制高程;采用临时支承垫块作为管节沉放的纵向定位基准时,临时支座基底高程可作为纵断面设计的控制高程。

(3)管节沉放需设置临时混凝土锚块时,应在基槽开挖平面上考虑其平面布置。

【条文说明】基槽平面与纵断面设计应与隧道总体平纵面设计基本相一致,对于实施不同基础类型的区段,应结合高程与坡率的变化根据需要进行平纵面调整。后铺法基础的沉管隧道安装需要预设水下支承用垫块,基槽开挖时应局部开挖出垫块的空间。

9.2.2 基槽设计底宽可按照式(9.2.2)确定:

$$B = B_t + 2b + T \tag{9.2.2}$$

式中:B——基槽底宽;

B_t——管节最大结构宽度;

b——管节一侧预留富余量(后铺法还应考虑设备空间);

T——施工误差,取值与施工条件、设备有关。

【条文说明】基槽底宽是由管节宽度、预留宽度以及施工偏差组成,预留宽度根据管节基础垫层处理方法、基础、纠偏设备的预留空间要求,取为1.5~2.0m,施工误差视水深条件与地质条件不同取值有所差异,一般宜控制在0~50cm。

9.2.3 基槽深度可按照式(9.2.3)确定:

$$H = h_d + h_c + h_t \tag{9.2.3}$$

式中:h_d——沉管段结构底面深度;

h_c——基础垫层所需高度;

h_t——基槽开挖竖向精度。

采用桩基础的沉管隧道,可根据沉管段结构底面深度、桩顶及桩周边预留高度综合确定基槽开挖深度。

【条文说明】基槽开挖深度由沉管结构底面深度、基础垫层高度、基槽开挖竖向精度综合确定,其中基槽开挖竖向精度取决于水深、疏浚船舶施工能力,一般按照0~50cm考虑;槽底高程通过设计高程和相关结构层高度计算。

9.2.4 基槽边坡坡率设计应符合以下规定:

(1)可通过基槽边坡稳定性分析,拟定边坡坡率。

(2)应考虑基槽开挖设备类型、施工方法及施工工艺要求等因素对边坡坡率设计的影响。

(3)在流动性淤泥或淤泥质土层中,边坡设计应考虑泥沙运动的影响。

(4)靠近两岛(岸)的基槽开挖应结合岛(岸)上段结构进行专项设计,以满足临时护岸的安全要求,并且便于修建或恢复永久性护岸。

(5)水下基槽挖深超过1.5倍的管节高度时,应针对施工与运营工况开展基槽边坡稳定性分析。

(6)无测试或试验数据时,水下基槽边坡坡率可参照表9.2.4选取。

表9.2.4 典型地层的水下基槽边坡坡率参考值

序 号	岩 土 性 质	边 坡 坡 率	备 注
1	淤泥、淤泥质黏土	1:5～1:10	表层流动性强的浮泥应予以挖除
2	沉积黏土、粉质黏土	1:2～1:6	基槽较深时,需分级设计坡率
3	砂、砂质土及砾石土	1:0.7～1:5	视砂层密实程度、性质、粒径等确定
4	花岗岩、砂岩等风化基岩	1:0.2～1:1	视风化程度、岩石强度等确定

【条文说明】基槽坡率的大小直接关系到沉管隧道的工程量和造价。经济合理的做法是施工之前在隧址开展试挖槽试验,开展长期观测与数据分析,获取真实可靠的水下基槽坡率及回淤变化情况,对基槽与清淤设计具有很强指导价值。迄今为止,世界上修建的180多座沉管隧道,水下基槽的坡率从1:1到1:7均有应用,变化范围较大,表9.2.4所列为国内外部分沉管隧道的基槽边坡坡率,供设计参考选用。

基槽坡率应根据现场土质条件及相关工程经验,结合国内外水下沉管隧道的边坡坡率、隧址区的地质条件,自下而上选用不同的坡率组合。按传统陆上边坡经验,每两级边坡间设置一定宽度的开挖平台,但由于水底基槽的施工条件及设备与陆上有明显不同,尤其抓斗式挖泥船形成的边坡坡面犬牙交错、参差不齐,自身具有较强的纳淤、容淤能力。因此,水下基槽多级边坡的边坡平台可根据具体情况酌情考虑,不必与陆上的做法相同。

9.2.5 基槽边坡稳定性分析应符合以下规定:

(1)基槽边坡稳定性分析宜采用考虑浮力效应的极限平衡法与有限元强度折减法。极限平衡法宜采用Morgenstern-Price法,也可采用Bishop、Janbu等方法。正常使用情况下,边坡稳定性安全系数可取1.3～1.5。

(2)应结合施工期和运营期工况特点合理选取计算所需的地层参数,施工期土层参数宜采用十字板剪切试验指标,运营期工况可采用固结不排水剪切试验指标。

(3)海洋环境下,应考虑波浪、地震、沉船等荷载作用对基槽边坡稳定性的影响。

(4)地震作用时可采用地震系数法或动力时程分析法对基槽边坡稳定性进行分析。

【条文说明】相对于陆上工程边坡,水下基槽边坡处于全饱和状态,物理力学指标值均需按饱水及浮态考虑。同时,对长时间晾槽的情况,也应考虑不利波流条件的偶然作用。边坡稳定性计算中 Morgenstern-Price 是常用的推荐方法，Bishop 法简单、计算准确，Janbu 法计算精度高。这三种方法的计算误差通常都不大，Morgenstern-Price、Bishop、Janbu 等计算原理及方法可参见相关专业书籍或规范。

根据英标 BS6349-1："2000-海工结构规范"，正常使用情况下，边坡稳定性安全系数可取 1.3~1.4。考虑到边坡失稳对隧道结构的影响，偏于安全考虑，水下边坡稳定性安全系数可取 1.5。

9.2.6 基槽设计应考虑开挖作业的水平和垂直正、负偏差。基槽的超宽和超深值可依据水深与水流条件、挖泥设备类别及型号确定，具体可参照《疏浚与吹填工程设计规范》(JTS 181-5)。

9.3 回填防护

9.3.1 回填防护设计应满足沉管隧道施工期稳定及运营期防冲、抗浮、防抛锚与拖锚损坏结构等要求。

9.3.2 回填防护可分为锁定回填、一般回填与护面层回填三部分。

【条文说明】 沉管隧道是埋置于水下的结构物，为保证运营期抗浮稳定以及锚击、船撞等风险，需设置专门的回填防护层，根据工序及功能可分为锁定回填、一般回填与护面层回填三个部分。

锁定回填为施工阶段的管节稳定提供支撑，应分 2~3 层铺设，回填高度至少为 3.5~4m，条件较好情况下可局部锁定（点锁）。为便于后续管节沉管安装，回填施工中应注意与已沉放管节尾端保持 15~20m 以上的安全距离。一般回填可选用海砂与碎石，可根据地材选用的便利性确定。护面层一般选择较大粒径的块石或片石，石料规格的要求应满足在水中浸透后的饱和单轴抗压强度不应低于 30MPa。为减少水流、波流对管节及防护层稳定性的不利影响，可采用人工块体作为护面层，如扭工字块、扭王字块及四脚块体。

9.3.3 回填防护设计应符合以下规定：

(1) 应结合水力学因素（波浪、潮汐、回淤和冲刷等）及管节抗浮、抗冲刷、防锚冲击、限制侧移等功能要求，进行沉管回填结构和材料设计。

(2) 回填料的材质与粒径选用宜按照"取材便利、级配合理、可靠耐用"的原则。

(3) 管节两侧的锁定回填应选用透水性好的粗砂、砾石，锁定回填厚度应结合水文条件和管节施工期临时稳定性要求确定，需满足式(9.3.3)的要求。

$$f_d + P_p > P_s + C \qquad (9.3.3)$$

式中：f_d——隧道管节底面的摩擦力；

P_p——锁定回填较少侧的被动土压力；

P_s——锁定回填较多侧的静止土压力；

C——隧道管节侧面的水流力。

(4)一般回填宜选用透水性好的中粗砂、碎石或块石，横向稳定性可按式(9.3.3)确定。

(5)管节护面层厚度及材料宜根据河床(或海床)冲刷稳定性、防拖锚、防抛锚及管节抗浮等确定，护面层宽度宜向管节两侧轮廓线外至少延伸2m。

(6)回填石料饱和单轴抗压强度不宜低于30MPa。

(7)回填防护的混凝土和钢筋混凝土构件应满足《水运工程混凝土结构设计规范》(JTS 151)的相关技术要求。

【条文说明】回填结构依据冲刷试验或数值模拟结果进行设计，满足抗冲刷、拖锚等要求，对回填材料要求性能稳定、不液化、便于施工，并应特别重视回填施工期的管节稳定性，避免出现横向侧移的情况。

9.3.4 回填防护计算分析应符合以下规定：

(1)应根据沉管隧道不同区域分别进行回填块石稳定性计算。护面层块石稳定所需粒径由式(9.3.4)计算求得。根据稳定所需粒径大小，结合防护用石料的密度可计算得出块石稳定重量。

$$D = \frac{U_x^2 + U_{fw}^2}{A \cdot g \cdot \psi} \quad (9.3.4)$$

式中：D——护面块石粒径，m；

ψ——防护参数，可取为0.04；

A——块石相对密度；

g——重力加速度常数，m/s²；

U_x——水流剪切流速，m/s；

U_{fw}——波浪剪切流速，m/s。

(2)对回填防护形成的临时或永久边坡应进行边坡稳定性分析。

(3)应采用最大海水重度、最小管节重量及最不利管顶回填(考虑施工误差)对管节抗浮安全系数进行计算，管节最小抗浮安全系数应不低于1.15。

(4)水文环境复杂的沉管隧道回填防护结构应采用物理模型试验进行验证。

【条文说明】最不利管顶回填情况指管节结构顶部回填层全部消失的情形。

9.3.5 为满足通航、浮运时干舷调节、预埋件防护的要求，可在管节顶面覆设一层混凝土保护层作为防锚层,厚度宜为 10~30cm。

【条文说明】当实际干舷高度高出设计值较多时,可在管节顶面设置混凝土防锚层,起到调节干舷高度和压重的双重作用。对于露出海床面的沉管段,应在物理模型或数值模型试验的基础上对管顶防护范围、形式与材料等进行专项设计,确保运营期管节的长期稳定。

9.3.6 管节沉放、对接到位后,应及时完成两侧锁定回填、一般回填和管顶护面。回填应分段、分层、对称进行。

【条文说明】管节沉放完成后尽快对已就位的管节在基础两侧及顶部进行逐段回填处理,回填顺序、材料、范围、厚度、坡度等均应满足设计要求。管节侧面及顶部回填应分层、对称、均匀进行,防止管节因两侧受力不均而产生水平横向偏移。

9.4 防撞、防冲刷构造

9.4.1 在通航水域管顶露出河床(或海床)时,宜在相应地段设置水下护坦等进行防撞、防冲刷保护。

9.4.2 当采用水下护坦进行防撞、防冲刷保护时,水下护坦设计应符合以下规定:
(1)护坦应不影响水面船舶航行安全。在设有水下护坦地段,应在水面设置航行警示装置。
(2)护坦范围和构造形式应结合防冲刷、防浪和防船撞分析等确定。
(3)水文环境复杂的沉管防撞护坦结构应采用物理模型试验进行验证。

【条文说明】沉管隧道在两岸段埋深较浅,在管顶露出河床时或河床出现移动沙丘,应采取有效、可靠的工程措施防止失控船舶等撞击或河床冲刷淘蚀,通常做法是设置水下护坦,护坦设计应综合考虑水面航行的船舶安全、隧道结构安全等因素。荷兰 Deas 隧道、上海外环隧道、韩国釜山海底隧道、土耳其 Bosphorus 隧道等采取了水下石堆护坡、铰接的钢筋混凝土板、网兜法抛石、水下混凝土浇筑等防护措施。

根据调研,如果水下护坡或潜坝没有露出海床面,那么可以用 Shields' Criterion 来分析防护层块石的稳定性。当水下坡或潜坝露出海床面时,一般采用 Van der Meer's formula 判断块石的稳定性。为应对落锚,块石保护层厚度要足够,应达到 2 倍名义直径中值,且至少设置两层。块石保护层两侧应使拖锚顺利抬升至管顶上部,锚爪不得影响到管节结构。块石保护层下方应设置反滤层,一方面可使落锚等荷载均匀分布于保护层,避免集中力作用,另一方面阻止靠近隧道的回填料透过块石层发生冲蚀而流失,因此反滤层和块石保护层的级配要适当。

10 耐久性设计

10.1 一般规定

10.1.1 应根据沉管隧道结构和构件的设计使用年限、环境类别及其作用等级、使用极限状态等进行耐久性设计。

【条文说明】沉管隧道结构及构件的耐久性设计是考虑结构及构件在使用环境中性能退化条件下满足设计使用年限能力的设计。考虑到水下隧道的建设除采用量大面广的混凝土和普通钢材外,还会使用其他有机材料和金属材料,结构耐久性设计以混凝土为主,兼顾其他材料。

10.1.2 隧道结构所采用的各类材料应与使用环境相适应,可结合结构重要性、可维修性以及环境作用等级对重要构件采取必要的防腐措施。

【条文说明】即使隧道结构选用了与所处环境类型相适应的结构材料,隧道结构的性能仍然会随其服役时间的延续而退化。因此,除合理的结构耐久性设计外,还需要根据结构的重要性、可维修性以及环境作用等级,有针对地采取附加保护措施。

10.1.3 主体结构设计寿命不应低于规范规定的设计使用年限,可更换的隧道附属结构或构件设计寿命不应低于合理的设计使用年限。

【条文说明】结构的"设计使用年限"确定不仅是技术问题,还与经济性相关。一般地,结构在使用期间受到的荷载水平与其设计使用年限有关,预期使用年限越长则荷载水平会提高;给定荷载水平(或设计使用年限)条件下,结构的实际使用年限就与结构耐久性相关,尤其是投资巨大的基础设施,若预期使用年限太低,则经济性会不合理。水下隧道是交通基础设施的重要组成部分,投资大,其主体结构的经济性设计使用年限不低于100年。

经前期研究确定,港珠澳大桥沉管隧道设计使用年限为120年。可更换的隧道附属结构或构件,如内装涂料、钢构件防腐涂层等不小于15~20年设计使用年限,防火板及其固定龙骨设计使用年限不少于20~25年。

10.1.4 沉管隧道环境类别与作用等级的划分应根据结构的使用条件,通过现场勘察及化验分析确定,且应充分考虑隧道纵向、横断面布置及结构内外等环境的差异。

【条文说明】环境作用是导致水下隧道材料和结构性能退化的根本原因。同一结构所处环境不同,其性能退化程度也不同。因此,在隧道设计前应充分调查和勘察结构所处环境的类型,确定对结构及其材料有损害物质的成分与含量。调查工作包括气象、水文条件、场地使用历史等,工程地质勘察应包括地下水文和水质情况、地层矿物组成及其溶出性和腐蚀性。

10.1.5 混凝土结构耐久性设计应根据构件的重要性程度、所处的环境、腐蚀阶段对正常使用与安全性的影响以及维修难易等因素综合确定其极限状态。

10.1.6 沉管隧道耐久性设计应包括以下内容:
(1)确定结构和构件的设计使用年限,环境作用和相应的耐久性极限状态。
(2)针对耐久性的结构构造。
(3)混凝土结构材料的基本组成和耐久性质量控制指标。
(4)钢筋的混凝土保护层厚度。
(5)混凝土裂缝控制。
(6)钢结构构件防腐措施。
(7)防腐蚀附加措施。
(8)使用阶段的耐久性维护。

10.2 环境分类和环境作用等级

10.2.1 沉管隧道环境分类应符合表 10.2.1 规定。

表 10.2.1 环 境 分 类

环境类别	名 称	腐 蚀 机 理
Ⅰ	一般环境	保护层混凝土碳化引起的钢筋锈蚀
Ⅱ	冻融环境	反复冻融导致混凝土损伤
Ⅲ	海洋氯化物环境	氯盐侵入混凝土内部引起钢筋锈蚀
Ⅳ	除冰盐等其他氯化物环境	氯盐侵入混凝土内部引起钢筋锈蚀
Ⅴ	化学腐蚀环境	硫酸盐等化学物质对混凝土的腐蚀

【条文说明】国内外可用于结构耐久性设计的均没有统一环境作用分类。金属结构仅针对大气环境划分了作用等级(ISO 9223, Corrosion of metals and alloys—Corrosivity of atmospheres—Classification, determination and estimation,金属与合金的腐蚀—大气腐蚀性—分类、测定和评估),欧洲混凝土规范(EC 2:Design of Concrete Structures EN—1992)将环境划分为 6 个类别 18 个等级,我国的《混凝土结构耐久性设计规范》(GB/T 50476)将环境类别分为:一般

环境、冻融环境、海洋氯化物环境、除冰盐等其他氯化物环境和化学腐蚀环境 5 个类别,虽然一些行业规范在表述上有所侧重,但总体是一致的。因此,本指南沿用《混凝土结构耐久性设计规范》(GB/T 50476)的环境类别划分,并不限于混凝土结构。

一般环境(Ⅰ类)是指仅有正常的大气(二氧化碳、氧气等)和温、湿度(水分)作用。冻融环境(Ⅱ类)主要会引起混凝土的冻蚀。海洋氯化物环境、除冰盐等外氯化物环境(Ⅲ和Ⅳ类)中的氯离子可从混凝土表面迁移到混凝土内部。当到达钢筋表面的氯离子积累到一定浓度(临界浓度)后,也能引发钢筋的锈蚀。化学腐蚀环境(Ⅴ类)中混凝土的劣化主要是土、水中的硫酸盐、酸等化学物质和大气中的硫化物、氮氧化物等对混凝土的化学作用。

10.2.2　沉管隧道环境作用等级划分应符合表 10.2.2 的规定。

表 10.2.2　环境作用等级

环境类别 \ 环境作用等级	A 轻度	B 轻度	C 中度	D 严重	E 非常严重	F 极端严重
一般环境(Ⅰ)	Ⅰ-A	Ⅰ-B	Ⅰ-C	—	—	—
冻融环境(Ⅱ)	—	—	Ⅱ-C	Ⅱ-D	Ⅱ-E	—
海洋氯化物环境(Ⅲ)	—	—	Ⅲ-C	Ⅲ-D	Ⅲ-E	Ⅲ-F
除冻盐等外氯化物环境(Ⅳ)	—	—	Ⅳ-C	Ⅳ-D	Ⅳ-E	—
化学腐蚀环境(Ⅴ)	—	—	Ⅴ-C	Ⅴ-D	Ⅴ-E	—

10.2.3　海洋环境下沉管隧道结构构件的环境作用等级应按表 10.2.3 确定。

表 10.2.3　海洋环境中沉管隧道结构构件划分

构　件	环境类别	环境等级
隧道(内侧)	Ⅰ 一般环境	Ⅰ-B
隧道(内侧)	Ⅲ 海洋氯化物环境	Ⅲ-C
隧道(外侧)	Ⅲ 海洋氯化物环境	Ⅲ-D/Ⅲ-F
隧道(外侧)	Ⅴ 化学腐蚀环境	Ⅴ-D

10.2.4　非海洋环境下的沉管隧道结构构件的环境作用等级可参考现行《混凝土耐久性设计规范》(GBT 50746)。

10.3　耐久性设计

10.3.1　结构构造耐久性

(1)混凝土构件形式应根据结构功能和环境条件进行选择。构件截面几何形状应简单、平顺,减少棱角、突变和应力集中。

(2)混凝土结构应有利于通风排水,避免过高的局部潮湿和水汽聚积。

(3) 不同环境作用下混凝土构件的钢筋保护层应同时满足钢筋防锈耐火以及钢筋与混凝土之间的力传递的要求,且不得小于钢筋的公称直径。

(4) 隧道结构施工缝、伸缩缝等的设置宜避开环境作用不利的部位,否则应采取有效的防护措施。

(5) 严重腐蚀环境(F级)下的混凝土配筋构件,浇筑在其中的结构连接件(如吊环、紧固件及连接板等)应与混凝土构件中的钢筋隔离。

10.3.2 混凝土材料耐久性

(1) 应根据环境作用等级确定混凝土最低强度等级、最大水胶比和最小胶凝材料的控制要求,可参照表10.3.2取值。

表10.3.2 混凝土最低强度等级、最大水胶比和最小胶凝材料用量

环境作用等级	最低强度等级	最大水胶比	最小胶凝材料用量(kg/m^3)
A	C30	0.55	280
B	C35	0.50	300
C	C40	0.45	320
D	C45	0.40	340
E	C50	0.36	360
F	C50	0.32	380

【条文说明】混凝土的强度等级与耐久性之间并不存在一一对应关系,但在原材料保持不变的前提下,混凝土强度的高低在一定程度上反映混凝土的密实性。鉴于强度指标仍是工程现场检验混凝土质量的最简便方法,而对混凝土水胶比与密实性的测定相对复杂,一般也不列为常规的质量检验项目。国内外混凝土耐久性都将强度作为随环境类别、环境作用等级以及设计使用年限而变化的主要控制指标。

(2) 应控制隧道结构混凝土原材料中侵蚀性物质的含量,混凝土主要原材料中酸碱及盐类宜符合以下规定:

① 水泥中的碱含量(以 Na_2O 含量计)应小于0.60%,氯离子(Cl^-)含量应小于0.10%;集料中的氯离子(Cl^-)含量应小于0.02%,硫化物及硫酸盐含量(折算成 SO_3)应小于0.5%。

② 外加剂中的碱含量($Na_2O + 0.658K_2O$)应小于10%,氯离子(Cl^-)含量应小于0.02%,硫酸钠含量应小于10%。

③ 水中的碱含量(以 Na_2O 含量计)应小于1 500mg/L,氯离子(Cl^-)含量应小于500mg/L,硫酸盐含量应小于600 mg/L,水的pH值应大于4.5。

(3) 宜根据环境类别配制混凝土,并检验混凝土试样相应的耐久性指标。混凝土试样的耐久性检测指标及方法按《普通混凝土长期性能和耐久性能试验方法标准》(GB/T 50082)

进行。

(4) 钢筋混凝土构件应根据环境作用等级选配防腐蚀能力合适的钢筋。

10.3.3 其他材料耐久性

(1) 钢或其他金属的结构构件可以不考虑冻融环境(Ⅱ类)的作用。

(2) 普通钢材和非合金铝等金属材料不宜用于化学腐蚀环境(Ⅴ类)以及氯化物腐蚀环境(Ⅳ类),用于海洋氯化物环境时应注意附加防腐蚀处理。

(3) 采用聚合物类有机材料的结构构件应避免直接暴露于高温或紫外线直射环境。

(4) 采用钢或其他金属结构时,应经过可靠的防腐蚀处理。

①隧道结构所处的环境条件为Ⅰ类时,可采用普通碳素钢、球墨铸铁。

②隧道结构所处的环境条件为Ⅲ类时,可维护或更换构件可采用耐候钢,并进行防腐处理。

③隧道结构所处的环境条件为Ⅲ类时,但构件难以维护与更换时,可选用不锈钢或采用阴极保护措施。

(5) 采用防水卷材、聚合物砂浆等有机类材料时,应注意合理利用其耐腐蚀特性。

10.3.4 钢筋的混凝土保护层厚度

采用钢筋混凝土结构时,钢筋混凝土构件的最小保护层厚度应根据环境作用等级参照表10.3.4选用。

表10.3.4 钢筋混凝土构件的最小保护层厚度(mm)

环境作用等级	设计使用年限		
	100年	50年	30年
A	30	25	25
B	40	30	30
C	50	35	35
D	60	45	40
E	70	50	45
F	75	55	50

注:在耐久性设计中,为控制钢筋锈蚀所必需的混凝土保护层厚度,不包括钢筋安装定位的施工允差。

【条文说明】钢筋混凝土保护层的作用是保障使用环境和荷载作用下,筋材与混凝土之间具有良好的黏结性能。使用环境除这里提到的各类腐蚀与侵蚀作用外,还有火灾高温、冲刷等,在目前的认识水平下可以合理确定荷载作用下的钢筋保护层厚度,对于其他环境作用尚不存在可用的设计模型。钢筋混凝土耐久性的研究者提出了不少材料劣化模型和试验统计公式,但目前尚没有一致性,因而,国内外的设计规范完全不依靠模型公式的计算结果,主要依靠工程经验判断给出参考值。

根据专项研究成果,港珠澳大桥沉管隧道混凝土主体结构120年耐久性设计应采用的最小保护层厚度为:内侧50mm,外侧70mm。

10.3.5 混凝土裂缝控制

荷载作用下钢筋混凝土构件的表面裂缝最大宽度计算值不应超过表10.3.5中的限值。

表10.3.5 钢筋混凝土构件表面裂缝计算宽度限值(mm)

环境作用等级	钢筋混凝土构件	环境作用等级	钢筋混凝土构件
A	0.40	D	0.20
B	0.30	E、F	0.15
C	0.20		

注:对裂缝宽度无特殊外观要求的,当保护层设计厚度超过30mm时,可将保护层厚度取为30mm计算裂缝的最大宽度。

【条文说明】混凝土裂缝宽度主要影响钢筋的锈蚀过程,但是,国内外在该方面尚未取得一致的试验数据。根据现行《公路工程混凝土结构防腐蚀技术规范》(JTG/T B07-01),一般环境下,非干湿交替钢筋混凝土构件表面裂缝取0.3mm,干湿交替则取0.25mm,氯盐及化学腐蚀环境分别为0.2mm(D级)、0.15mm(E级)、0.12mm(F级)。通常认为,一般环境下(Ⅰ类)混凝土表面的宏观裂缝宽度只要不是过大(如不大于0.4 mm),对钢筋碳化锈蚀不会发生明显影响,只是裂缝截面上的钢筋发生局部锈蚀的时间会提前,但是这种局部锈蚀很快就会停止,一直要等到保护层下的混凝土碳化并使钢筋去钝后,才会一起进入钢筋锈蚀的稳定发展期。需要注意的是,在氯盐环境下(Ⅲ类和Ⅳ类),普通钢筋也会发生局部坑蚀,应该严格限制宏观裂缝的宽度。预应力钢筋若发生坑蚀会加速应力腐蚀,因此,需要严格限制裂缝宽度。

港珠澳大桥海底隧道管节采用自防水混凝土结构,不允许发生早期开裂和贯穿性裂缝。弯矩作用下管节横断面顶底板受压区高度不得低于200mm。对于特殊情况引起的混凝土开裂,应根据国内外类似工程经验进行修补,具体记录内容可参照附录F。

10.3.6 防腐蚀措施

(1)环境作用D级以上的隧道结构可采用防渗涂层、改性材料以及附加防护层构造等措施。

(2)在严重腐蚀环境作用(E和F级)下,可在混凝土中掺入钢筋阻锈剂、采用牺牲阳极保护等措施。

(3)混凝土结构可以通过表面涂层(如防水浸渍剂、渗透结晶剂、防水涂层等)改善其抗渗性能;强腐蚀环境等级(E级以上)混凝土结构可以增设防腐蚀面层;严重腐蚀环境(F级)下的混凝土配筋构件应采用环氧涂层钢筋、不锈钢钢筋或采用阴极保护法;腐蚀环境钢端壳应采取牺牲阳极保护等措施。

10.3.7 使用阶段的耐久性维护

(1)应以工程交付使用前的混凝土结构与构件的耐久性评估指标作为结构运营的耐久性起点状态。

(2)应及时采集混凝土结构耐久性监测系统数据,实时定量评估混凝土结构和构件的耐久性状态。

(3)结构运营期间,应针对混凝土结构和构件建立耐久性检测制度,检测制度应根据不同需要分别建立验收检测、日常检测、定期检测、特殊检测以及终期检测的检测项目、频次以及相应的档案管理制度。

(4)应根据混凝土结构和构件的耐久性起点状态,建立合理的构件维护制度。维护制度应结合构件在具体环境条件下的实际劣化过程,以及相关的耐久性检测与监测数据,合理安排构件维护强度和维护时间与频次,以最优的维护成本保证混凝土结构和构件的耐久性可靠指标满足设计要求。

11 施工监测与运营期结构健康监测

11.1 一般规定

11.1.1 应对沉管隧道进行施工期监控,实现隧道工程信息化施工,做到设计有方案、施工可监控、应急有保障。

【条文说明】 沉管隧道施工工序多,所处的环境复杂,施工期应对关键环节实施监控,一般包括基槽边坡稳定性、管节预制、管节沉放安装等方面的监测。隧道施工期的监控量测除实现隧道工程信息化施工外,还是隧道全寿命周期工作状态的重要组成部分,可以为运营期的结构安全监测提供初始值。

11.1.2 应结合项目特点和预期功能,按照设计要求建立结构运营期健康监测体系并予以实施。

【条文说明】 国外对隧道健康监测技术的研究起步较早,特别是日本、欧洲等公路隧道较为发达的国家,由于其公路建设部门十分重视隧道安全的基础和应用工作,各地、各级管理部门都在大量研究的基础上制定了相关的制度和章程,并在实际工程中进行了应用,如日本青函海底隧道和韩国高速铁路隧道建立了运营期结构安全监测系统。在国内,虽然相关规范的制定比较滞后,但重要的水下隧道工程也建立了运营期安全监测系统,比如南京纬七路过江(长江)隧道、南京纬三路过江(扬子江)隧道、广州洲头咀隧道等。通过建立隧道结构安全监(检)测系统,对工程运营期间的结构、环境性状作全过程的监测,以科学、准确地评估病害对结构承载能力、承载状态的影响规律和影响程度,可以为工程的维护、保养、安全决策及病害诊治提供科学依据。通过监(检)测数据的科学评估,当隧道结构性态接近预警值时,采取相应处置措施,控制病害的进一步发展,延缓隧道病害的发展,延长隧道使用寿命并减少安全事故发生;当结构性态超过预警值时,根据病害特征采取相应的加固修复措施,以维持隧道结构安全,从而避免水下隧道灾害的发生,降低隧道运行期公共安全的风险水平。

11.1.3 施工监测与运营期结构健康监测应相互关联,两个检测的测点应一致或形成对应关系,施工监测的数据可作为运营期结构健康监测的起始数据。

11.2 施工监测

11.2.1 应通过选择合适的监测手段、合理的精度标准,保证隧道施工安全,保证隧道结构几何及力学状态满足设计及长期运营的要求。

【条文说明】施工期监测应结合所监测内容选择恰当的监测手段及仪器设备,对水下环境的监测应特别重视监测方式的适应性,检测仪器设备的灵敏性、可靠性与耐久性。

11.2.2 施工监测应包括:

(1) 基槽开挖监测

主要应监测边坡施工期的稳定性以及成槽后各阶段的回淤范围、厚度分布及速率、回淤物重度、水体重度、含沙率等。

(2) 管节预制监测

应监测管节及节段预制期间的混凝土重度、管节及节段几何尺寸、管节及节段浇筑温度及裂缝等。

(3) 管节浮运安装监测

应监测管节浮运期管节姿态、拖带缆力、沉放姿态、系泊力、缆索力、安装后接头的错动与管节的相对沉降量、沉放后 GINA 的张合量、节段接头张开量、双道止水带之间水压力、与沉放管节对接相对位置精度等。

(4) 干坞监测

坞内灌排水期间,应对坞内水位、边坡的沉降、位移和深层水平位移,以及坞门的位移、应力和止水效果进行监测。

11.2.3 应编制沉管隧道施工期监测方案。

【条文说明】沉管隧道施工期监测涉及的内容多,监测的不确定性与难度大,为确保监测的有效实施,应编制专项的沉管隧道施工期监测方案,包括监测目的、内容、具体方案以及监测的反馈预控机制等。

11.2.4 沉管隧道施工监测的主要项目可根据表 11.2.4 选取。

表 11.2.4 沉管隧道施工监测项目一览表

序号	监测内容		建议方法	监测频率	
				变载期	恒载期
1	管节预制阶段	混凝土重度	试块称重	预制过程中	
2		浇筑温度	埋入式温度传感器		

续上表

序号	监测内容		建议方法	监测频率	
				变载期	恒载期
3	管节预制阶段	混凝土裂缝	目视、读数显微镜	预制过程中	
4		端钢壳变位	高精度全站仪		
5	浮运沉放安装阶段	海水比重	天平法	浮运、沉放前一月内	
6		水文、气象监测 海面风速、风向	风速风向仪	在浮运、沉放前一月及过程中连续观测	
7		海面波浪	浪高仪		
8		水流	海流计		
9		水位	水尺		
10		基槽回淤量	双管叉式γ-射线淤泥密度仪	沉放前二次	
11		管节沉降	电子水准仪	1次/1~2天	1次/周
12		管节位移	全站仪	1次/1~2天	1次/周
13		接头变形	三向位移计	1次/天	1次/周
14		墙面倾角	倾角仪	1次/天	—
15		管节系泊缆力	测力计	1次/天	1次/周
16		基槽边坡	单波速/多波速测深仪	沉放前一月内1次/周	
17	坞	边坡稳定性	高精度全站仪	预制过程中1次/月	
18		基底沉降	高精度全站仪		
19		移动干坞变形	高精度全站仪		
备注	1. 每预制、安装一个管节即进行测点预埋或埋设及初始值测量,施工期间监测数据达到设计允许偏差的80%应报警并加密监测频率。 2. 变载期指压重混凝土及顶部回填施工之前施工阶段;恒载期指压重混凝土及顶部回填施工之后施工阶段				

11.2.5 为满足控制精度的要求,对具体的沉管隧道监测可建立独立的二等水准网。

11.2.6 沉管隧道施工监控应采用闭环控制法确定误差调整及偏差解决预案。

11.2.7 沉管隧道施工监测要求及数据分析应符合以下规定:

(1)监测数据应及时进行整理分析,判断其是否超过报警值。超过报警值时,应加大监测频率,及时采取风险预案措施。

(2)监测前应及时记录各监测内容的初始基准值,做好与施工监测点及其监测数据的衔接。管节接头处安装剪力键时,应记录管节沉降、张合量等监测数据。

(3)应及时提供可靠的综合分析报告。

①应及时根据现场量测数据绘制时态曲线(或散点图)和空间关系曲线。

②当位移-时间曲线趋于平缓时,应进行数据处理或回归分析,以推算最终位移和掌握位

移变化规律。

③当位移-时间曲线出现反弯点时,则表明变形已呈现不稳定状态,此时密切监视动态,加强巡视,采取有效的补救措施。

【条文说明】由于不同沉管隧道工程间的差别较大,而且所积累的监控工程经验不足,目前还不能在监测实施前就制定出一套完备的监测预警值,需要结合实际并根据监测成果不断的分析后提出。一般情况下,初步可将设计允许的极值进行一定的折减后作为初始报警值。

11.3 运营期隧道结构健康监测

11.3.1 运营期沉管隧道结构健康监测对象应包括隧道结构、接头及其他受关注的对象。监测项目应包括和结构相关的温度场、地震、不均匀沉降、动态交通荷载、管节接头止水带的张开和变位、控制截面的应力变化状态、结构耐久性监测等,见表11.3.1所列。

表11.3.1 沉管隧道结构健康监测项目一览表

序号	监测类别	监测项目	测点位置描述	采用仪器
1	荷载与位移监测	环境温、湿度	暗埋段、管节侧墙上	温度计、湿度计
2		动态交通荷载	隧道出入口处	汽车称重系统
3		地震响应	地质变化大、荷载突变处	压力计、钢筋应力计、动力应变计
4		管节间相对位移	管节接头处、管节与暗埋段接头处侧墙和顶板的四角	位移计、角度计
5		结构应变、预应力	管节中部受力不利位置	应变计、应力计
6		结构温度	与结构应变监测点对应	温度计
7	腐蚀监测	结构腐蚀监测	沉管段管节中部内表面保护层内	
8	渗漏监测	接头渗漏水	管节端头两道止水带间的空腔	水压计

【条文说明】修建在软土地层中的沉管隧道会产生不均匀沉降,会给隧道的结构安全带来隐患,甚至使隧道产生结构破坏,影响隧道的正常使用。沉管隧道一般埋置较浅,外部土压力相对较小,一般可不作为监测内容。

管节接头、节段接头的张开与止水带特性密切相关,其工作状态是反映接头结构寿命和沉管隧道止水安全性能的关键,因此对管节接头张开量及错动量、管节接头剪力键剪应力、止水带压缩状态进行监测。有条件时可对管节裂缝、混凝土碳化、钢筋锈蚀等进行监测。

11.3.2 健康监测方式

(1)结构健康监测系统中数据采集方法应根据沉管隧道结构类型、地质条件以及周边环境条件确定。

(2)沉管隧道的健康监测宜采用仪器自动化监测与人工巡测相结合的方法。

【条文说明】沉管隧道的结构健康监测一般可以采用自动化监测与人工巡测相结合的方法,多种手段互为补充、相互印证。结构的健康监测采用自动化监测,可以避免人工监测效率较低、受主观因素影响等不足;但自动化监测仪器一般费用较高,并且当前仪器一般采用单点监测方法,在预埋仪器时,很难做到监测的部位刚好是隧道运营期病害出现的位置。人工巡测常常可以及时发现隧道结构的一些异常情况,如隧道结构裂缝、新增漏点、混凝土剥落等。

11.3.3 沉管隧道人工巡测项目应包括路面状况、混凝土常规检测、止水带渗漏水等。

(1)路面状况检测包括路面强度、路面平整度、路面积水及路面抗滑性等。

(2)混凝土常规检测项目包括混凝土腐蚀、混凝土裂缝状况、混凝土表观损伤、混凝土强度、混凝土碳化深度、混凝土氯离子含量等。

(3)止水带渗漏水检测项目包括水压、水量、出水点、持续时间等。

11.3.4 沉管隧道健康监测应符合以下要求:

(1)根据隧道地质及环境条件,选择需要进行健康监测的特征断面。

(2)根据结构受力特点,分析影响健康监测的主要控制因素。

(3)根据结构分析计算结果,选择需要监测的特征点及相应的监测内容。

【条文说明】沉管隧道健康监测应统筹安排、重点突出、有的放矢地进行,对荷载处、地基变化较大处、结构横断面变化处等重点地段的结构安全状况设置结构健康监测系统,保证隧道结构在运营期间的安全。

11.3.5 健康监测系统

(1)健康监测系统应包括数据采集、数据传输以及实现诊断功能的数据分析与预报预警部分。健康监测系统可与施工期间的监控量测系统统筹考虑。

(2)健康监测系统数据传输及处理应与运营管理系统统一考虑,并应采用可靠软件对结构工作状态及时进行评估与预警。

(3)当预埋元器件低于主体结构使用寿命时,应保证元器件失效后主体结构的安全。

11.3.6 监测点的布置原则

(1)沉管隧道结构健康监测点的布置应能反映监测对象的实际状态及变化趋势,监测点应布置在内力及变形关键断面的特征点上。

(2)监测点应避开障碍物,便于观测,且满足监控要求。

【条文说明】监测断面及监测点的布置应具有针对性与目的性。随着计算机软硬件和计算技术的不断发展,结构分析计算在结构设计和分析中已经得到越来越普遍的应用,在选择监测特征点及相应的监测项目时应充分利用结构分析计算的结果,以避免确定测点和监测项目的盲目性。

11.3.7 监测周期及频率

(1)监测频率应能满足所监测项目的重要变化过程且又不遗漏其变化时刻的要求。

(2)监测频率应根据设计文件要求,结合隧道所处地质条件、受力条件及当地经验等因素确定;无当地经验时,可根据表11.3.7确定。

表11.3.7 沉管隧道结构健康监测周期及监测频率表

监 测 周 期	监 测 时 段	监 测 频 率
运营期	第一年	实时监测,采取数据1次/周
	一年后	实时监测,采取数据1次/月
	发生异常时	实时监测,采取数据1次/天

(3)应根据沉管隧道所处地质条件、受力条件、设计文件及当地经验等因素确定监测报警值。

(4)监测报警值应满足隧道设计及周边环境中被保护对象的控制要求。

11.3.8 监测数据采集

(1)健康监测数据采集精度应满足结构工作状态评估及预报预警的要求。

(2)结构健康监测的元器件选择及其参数应根据监测内容与评估要求确定。元器件的最大量程不宜大于设计值的2倍,精度不宜低于0.5%F.S(满量程),分辨率不宜低于0.2%F.S。

(3)健康监测系统的数据采集精度应符合以下规定:

①结构内力监测精度不低于10kPa。

②结构变形监测精度不低于0.1mm。

③地层位移变形监测精度不低于1mm。

④结构裂缝监测精度不低于0.02mm。

【条文说明】监测仪器的量程、采集精度和分辨率的确定关系到结构安全监测系统的有效性和可靠性。合理的量程、精度和分辨率取决于监测项目的必要性和可能性两个方面。监测仪器的精度需要综合监测项目的特点、必要性和可能性后进行确定,本条是结构安全监测仪器采集精度的最低要求,在特殊情况下,监测精度可根据实际情况在设计中确定。

11.3.9 数据传输

(1)应将系统采集到的原始数据及预处理后的数据发送到监控中心的服务器,并可实现数据软件随时从各个数据采集站将所查询的数据传输到指定位置。

(2)数据传输应具有实时性、可靠性、保密性及系统的可扩展性。

(3)不同信息类型的传输应准确无误,满足软件运行的实时性要求,且与硬件环境相匹配。

11.3.10 数据处理与信息反馈

(1)监测数据传输宜优先采用无线传输方式,数据分析宜根据隧道结构特点及数据采集类型编制专用软件,确保结构评估与预警的准确性。

(2)应根据监测内容、数据及破坏后果等建立可靠的结构健康安全预警标准。

(3)应建立隧道结构安全预警与综合评估子系统,对在线监测和人工巡测得到的各类数据进行统一的处理分析,对隧道结构进行异常诊断、预警及健康状态评估。

(4)应建立健康监测用户界面子系统,通过该模块实现将各种数据实时按需求向用户展示,并接受用户对系统的控制、输入与功能扩展。

(5)应建立健康监测中心数据库子系统,通过该模块实现整个大系统所有数据的平台管理工作,完成数据的归档、查询、存储等。

【条文说明】随着计算机技术的推广和普及,沉管隧道结构安全监测工作应建立以计算机为基础的监测资料数据库或信息管理系统。通过计算机数据系统可使监测数据的调用快速方便,满足对沉管隧道监测成果大数据量的需要。

12 防水与排水设计

12.1 一般规定

沉管隧道防排水设计应遵循"以防为主,限排为辅,多道设防,综合治理"的原则,保证隧道结构和营运设备的正常使用和行车安全、舒适。

12.2 防水

12.2.1 沉管隧道防水设计应坚持"结构混凝土自防水为主,外防水为辅,接头防水为重点,多道设防,综合治理"的原则。在腐蚀性环境条件下,隧道结构防水与结构防腐设计应综合考虑。

【条文说明】沉管隧道接头是沉管结构及防水的薄弱环节,相对于管节接头而言,节段接头由于数量多、止水带性能差异等因素更为薄弱,接头要保证水密性可靠、有效、耐久,具有抵抗各种变形的能力,要求其施工性好、便于检修。最终接头的施工需要专门的施工工艺与流程,也是沉管隧道施工中的一个重要环节。隧道结构防水应以混凝土自防水为根本,附加的防水体系为安全保障。

12.2.2 管节混凝土防水应满足《地下工程防水技术规范》(GB 50108)的相关要求,防水等级及设防要求应结合工程重要性、使用要求、环境条件等确定,防水等级宜选用二级及以上标准。

12.2.3 沉管隧道混凝土的设计抗渗等级应结合工程结构特点、使用功能、水深条件和重要性要求等确定,宜选用 P10 及以上等级。

12.2.4 管节结构应采用自防水混凝土,混凝土配合比宜通过试验确定最佳配比参数;应加强大体积混凝土水化热的早期控制,严格控制混凝土结构裂缝产生。

【条文说明】由于港珠澳大桥海底隧道 120 年设计使用年限要求的特殊性,故本条提出自防水混凝土用于管节结构的规定。其他沉管隧道可在充分研究的基础上借鉴使用。

12.2.5 为保证隧道结构防水效果,节段结构宜采用全断面一次浇筑成型方式。管节预制完成后应对止水装置进行防漏试验。

12.2.6 管节结构外包防水设计应符合以下规定:

(1)管节底板采用防水钢板时,其厚度及焊缝等级应符合《钢结构焊接规范》(GB 50661)的要求。

(2)管节结构与预埋钢构件等的交界部位防水应加强处理。

【条文说明】港珠澳大桥海底隧道经综合比选采用喷涂型聚脲防水涂料,喷涂型聚脲防水涂料及与其配套使用的底涂料、涂料修补材料、层间处理剂等技术性能指标应符合《喷涂聚脲防水工程技术规程》(JGJ/T 200)要求。

12.2.7 接头防水设计应符合以下规定:

(1)为满足水密性要求,接头防水优先选用双道止水带构造防水体系。

(2)接头构造应具有适当的抵抗变形能力。

(3)接头构造应便于施工和检查检修。

(4)所选用的止水带及其压紧装置应满足耐久性要求。

12.3 排水

12.3.1 隧道排水系统应充分考虑工程区域降雨特征、进出洞口环境条件与汇水面积以及洞口防洪频率等因素,遵循"管路顺达、流线通畅、不积雨水、不留污水"的原则,形成隧道内完整通畅的排水通道,避免洞内积水,保证隧道结构物和营运设备的正常使用和行车安全。

【条文说明】海洋环境下隧道具有水压高、水头周期性变化较大且无限补给的特点,隧道排水设计既应符合地下工程防排水的原则,又要体现自身特点。排水设计应对洞口雨水、洞内清洗、消防污水以及结构渗漏水妥善处理,结合隧道结构特点、纵向结构分段采取可靠的排水措施,保障隧道施工及运营安全。

12.3.2 隧道应设置洞内排水和洞口排水组成的综合排水系统,宜坚持"外水外排、高水高排、清浊分离"的原则。洞口为反坡时,应设置横向截水设施,横向截水设施应与两侧路面平顺衔接,排水畅通,同时能够保证洞口进出车辆的行驶安全。

【条文说明】洞口排水系统承担隧道敞开段所集雨水的排出,洞内排水系统承担结构与接头渗漏水及日常运营清洗污水、消防污水和其他污水的排出。排水设计应分区、分块排水,互不连通。洞口横向截水沟应设置格栅盖板,并与复合式路面表面平顺过渡。

12.3.3 隧道洞内排水设计应符合以下要求:

(1)隧道的集水池和排水泵房宜设置在隧道的服务管廊内,且不影响检修、疏散通道的畅通和正常运行;排水泵房应设在隧道的最低点。

【条文说明】沉管隧道横截面设计时应考虑集水池空间的需求,管廊的尺寸应满足集水池的布设及其他附属设施的需求。排水泵房负责排出江(海)底隧道管节结构与接头渗漏水、事故水以及生产和消防等废水,其容量受接头渗漏水量、清洗用水量、消防用水量等控制。港珠澳大桥海底隧道设计为 W 形纵坡,故设置两处废水泵房。

(2)沉管隧道内路面两侧(或单侧)应设纵向排水边沟,引排渗漏水、清洗污水、消防污水和其他污水至隧道内水泵房。

(3)沉管隧道内排水纵坡坡度宜与隧道内纵坡坡度一致,排水分区宜与沉管隧道纵坡设计综合考虑。

(4)根据沉管隧道纵坡组成、渗漏水量和设备布置情况布置管路和泵站,可采用一次或分段接力的方式将积水或涌水排至洞外,隧道内排水分区长度不宜大于1 500m。

【条文说明】公路沉管隧道内积水必须经机械提升排放,集水池和抽水泵的设置能够满足排水分区内机械排水的需求。洞内积水以重力流方式,通过路面两侧边沟汇集至隧道"W""U"或"V"形纵坡最低处集水池内,经水泵提升排至洞外。沉管隧道纵坡形式基本决定了排水分区方式,每一处洞内排水泵房只负担所在"V"形坡长度范围内的隧道排水量。

(5)隧道洞内排水系统设计计算可参考如下参数:清洗用水量为 $8m^3/d$,渗漏水量为 $0.02L/(m^2 \cdot d)$。

【条文说明】根据《地下工程防水技术规范》(GB 50108)规定,隧道工程总湿渍面积不应大于总防水面积的2/1 000,任意$100m^2$防水面积上的湿渍不超过3处,单个湿渍的最大面积不大于$0.2m^2$,其中平均渗水量不大于$0.05L/(m^2 \cdot d)$,任意$100m^2$防水面积上的渗水量不大于$0.15 L/(m^2 \cdot d)$。国际隧道协会(International Tunnelling Association,以下简称ITA)规定,隧道任意独立分区不应出现滴渗或可见渗漏,建议隧道工程渗漏量折合为≤$0.098L/(m^2 \cdot d)$。博斯普鲁斯海峡(Bosphorus)沉管隧道规定管节与接头在正常与地震工况下应保持密水性,最大允许渗漏量折合为$0.12L/(m^2 \cdot d)$。《公路水下隧道设计规范》(JTG D71)建议沉管隧道结构渗漏量可取$0.05\sim0.1L/(m^2 \cdot d)$。考虑港珠澳沉管隧道工程实际情况,综合分析后取$0.02L/(m^2 \cdot d)$。

(6)洞内排水泵房的水泵台数、排水能力及控制方式应根据实际需要的排水量进行设计。

12.3.4 隧道洞口排水设计应符合以下要求：

(1)沉管隧道洞口排水系统的排涝能力应保证隧道在遭遇100年一遇暴雨时的正常使用。洞口雨水不能自流排放时,应在两端洞口设置雨水集水池和排水泵站,将敞开段所汇集的雨水通过排水泵排往江、河、海中或城市雨水管网。

【条文说明】我国广东地区暴雨强度大、频次高,平均每年遭受强暴雨6~8场或以上,实测24h强降雨量最多达1 000mm,局部5min强降雨量最多达25mm。当遭遇暴雨时,洞口排水系统的排水能力直接关系到隧道安全,港珠澳大桥海底隧道排水系统设计按抵抗120年一遇暴雨标准设计。洞口排水系统处理雨水的能力为集水池有效容积和排水泵站的排水能力之和。港珠澳大桥海底隧道在隧道东、西口部的雨水泵房则分别承担东、西洞口敞开段沿路面顺流雨水的排放,受当地暴雨强度控制。

(2)沉管隧道洞口排水系统的排涝能力应保证隧道在遭遇设计重现期内发生一次暴雨时的正常使用。排水系统能力不足时,应设置洞口蓄水池。

(3)洞口雨水泵房的水泵台数、排水能力及控制方式应根据实际需要的排水量进行设计。

(4)沉管隧道洞口排水泵房的排水能力,可按当地100年一遇暴雨强度进行计算,暴雨强度应采用当地暴雨公式及计算图表计算。

【条文说明】目前我国各地已积累了完整的自动雨量记录资料,可采用数理统计法计算确定暴雨强度公式。在没有自动雨量记录资料或自动雨量记录资料少于十年的地区,可参照采用附近气候条件相似地区的暴雨强度公式。根据经验,雨水泵站排水量按当地设计使用年限内可能发生的暴雨强度计算是比较合适的。

港珠澳大桥沉管隧道使用珠海地区100年重现期的暴雨强度公式(12.3.4-1)计算后进行修正：

$$q = \frac{1\,339.543\,8}{(t + 0.099\,7)^{0.331\,9}} \quad (12.3.4\text{-}1)$$

(5)沉管隧道洞口部的雨水设计流量应按式(12.3.4-2)进行计算：

$$Q_s = q\psi F \quad (12.3.4\text{-}2)$$

式中：Q_s——雨水设计流量,L/s；

q——设计暴雨强度,L/s·hm²；

F——敞开段的实际汇水面积,hm²；

ψ——径流系数,混凝土及沥青路面取0.85~0.95,绿地取0.10~0.20。

【条文说明】本条推荐的雨水设计流量计算公式是目前较普遍采用的公式。

12.3.5　沉管隧道可在风井等洞室底部设计局部排水设施,用于排出雨水及结构渗水。

12.3.6　沉管隧道的结构渗漏水、事故水以及生产和消防等废水经处理达到排放标准后就近排放;隧道洞口部及附属建筑的雨水应尽量收集处理再利用或就近排放。

13 大型临时工程设计

13.1 一般规定

13.1.1 沉管隧道临时工程一般应包括沉管预制场(工厂或干坞)、寄放区、出坞航道及浮运航道等。

【条文说明】沉管隧道包括沉管预制场、寄放区、浮运航道等大型临时工程,前期投入大,选址应经多方案比选后综合确定。干坞是大临工程的重要部分,干坞规模应根据施工组织、经济性、管节长度及管节数量等情况确定。在确定干坞规模过程中应对管节分批方案进行充分比较,找到既能满足施工工期需要,又可节省工程投资的最优方案。

13.1.2 沉管预制方法可分为工厂法、传统干坞法及移动式干坞法,应根据施工工期、管节数量、质量要求、场地大小、位置等因素进行选择。对管节预制连续性要求强、质量要求较高、管节数量多的工程,一般宜选择工厂法预制。其他情况可采用传统的干坞法。

【条文说明】工厂法就是沉管管节在工厂内进行流水化预制生产完成,预制质量能较好得到保证。干坞法通常是露天作业,类型主要包括使用现有干船坞、为本工程新建干坞、利用沉管隧道原址的"轴线干坞"等。

13.1.3 干坞建造形式应考虑结构形式、规模大小、地形地貌、地理位置、征地拆迁、预制方式等因素。

地理条件允许情况下宜采用较大干坞,一次能多节管预制,预制工期短,对综合成本有利;管节数量较少,受城市内因征地拆迁等情况影响单独选址困难时,可利用沉管隧道原址的建造"轴线干坞"等方案。干坞建设需要根据实际的投资、工期等技术经济指标进行全面分析、平衡。

13.1.4 沉管施工易受天气、航道、预制工期等各种因素的影响,一般宜设置寄放区,以缓解从预制到安装过程中的各种不利因素的影响。

13.1.5 浮运航道设计可优先考虑利用既有航道,减少土石方开挖和施工期维护工程数量。

13.1.6 临时工程设计应遵循"位置合适、规模适当、经济合理、安全可靠、统筹规划"的原则。

13.2 管节预制场设计

13.2.1 沉管预制场总体布置

(1)预制场平面布置方案应结合预制工艺、现场施工条件等相关因素综合考虑,尽可能结合利用陆路、水域、码头等有利因素。

(2)坞底高程应根据干坞位置、出坞航道底高程、拖运设备、水文资料、水位保证率(一般要求85%以上)等情况决定。

(3)干坞轴线、坞口需根据常风向、航道轴线等因素考虑。

(4)预制场内的生产设施,宜根据干坞预制工艺要求布置。拌和系统、生活、临时办公设施等的布置,应考虑常风向,采取措施减少噪声、尘埃的影响。

13.2.2 工厂法干坞设计

(1)浅坞与工厂生产线应在同一直线平面位置,实现推移。

(2)工厂生产线高程设置以保证最高水位不淹没为宜,以减少厂坪建造费用。但南方台风多发地区应采取防台风措施,防止因台风引起水位增高造成淹没厂区。

(3)浅坞与深坞布置形式可根据实际情况选择直线型布置和并列型布置。其中,直线型布置对沉管出运移动比较有利;并列型布置可较合理减少场地使用面积。

(4)可结合安装工艺、二次舾装工艺等,将寄放区与深坞区结合布置。

(5)坞口结构设计宜采用混凝土结构。

(6)一般情况下坞口设计宜同时兼顾进水及排水结构,但进排水口不宜远离坞口范围。

(7)坞门结构应结合坞口设计考虑,可采用钢筋混凝土、钢结构及组合结构,一般选用浮式结构。

(8)坞门可以同时兼顾设计进水及排水结构。

(9)排水系统流量、水泵数量等需根据预制工期要求确定,排水系统一般可采用真空虹吸工艺,也可抽、排工艺各自系统独立。

(10)坞坑(含坞墙)结构应根据地质情况进行设计。岩质区域可采用直立结构,宜采用灌浆、橡胶止水层等止水措施;含砂层、砂砾、块石等透水性强区域必须采用混凝土或钢板桩止水结构。

(11)采用混凝土沉箱结构坞墙,应考虑结构抗浮。

(12)浅坞顶高程可根据下式确定:

$$m = 顶推轨道顶高程 + m_1 + M + m_2 \tag{13.2.2}$$

式中:m——浅坞顶高程;

m_1——管节起浮底富余量;

M——管节安全起浮吃水高度;

m_2——坞墙高度富余量。

(13)深坞底板可结合今后可能重复利用的情况考虑,可采用原状或混凝土等其他结构。

【条文说明】工厂法预制场的布置以干坞设计为重点,除考虑管节的长度、高度、数量、坞顶和坞底高程、出坞航道、工期要求、经济性外,还必须严格考虑干坞的抗渗设计,尤其是浅坞坞墙的抗渗与抗浮。

13.2.3 传统干坞设计

(1)应根据管节长度、需要预制的管节总数、工期要求、施工工艺和经济性来合理确定干坞规模。

(2)干坞平面位置应尽量利用有利地形、水域等进行布置。

(3)干坞宜采用垂直岸线方式,对预制生产、出运等比较有利。

(4)干坞宜采用长方形布置。

(5)干坞坞内宜布置多条预制生产线,坞门宜设置在一侧。

(6)坞底设计高程应根据管节高度、干舷高度、各种富余度等参数合理确定。可按式(13.2.3)确定:

$$h = 坞址常水位高程 - H + h_1 - h_2 \tag{13.2.3}$$

式中:h——坞底设计高程;

H——管节高度;

h_1——管节浮起时的干舷高度;

h_2——管节浮起时底部与坞底之间的安全距离。

(7)干坞预制工艺中,坞底板结构应满足承载力、变形和管节起浮要求,须结合坞址的工程地质、管节重量及底胎黏结力等进行设计。

①一般构造上宜采用透水性设计,例如木板夹砂层、透水混凝土、透水槽等结构。软土地基除采取必要的软基处理措施以减少后期沉降量外,还需足够的厚度,保证承载力。

②砂、砾质地基可参考图13.2.3-1。

③岩质地基可采用直接铺设碎石透水层结构,参考图13.2.3-2。

④使用现有干船坞的情况,可在干坞底板加设可靠的脱模层,如砂层加木板等。

(8)管节端部间距、管节侧面间距、管节端部至干坞两端及两侧的净距应满足出运安全、

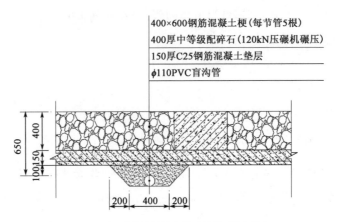

图13.2.3-1　砂、砾质地基坞底基础结构(尺寸单位:mm)

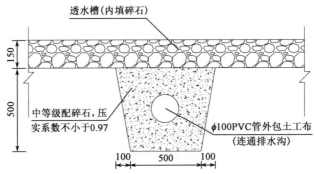

图13.2.3-2　岩质地基坞底基础结构(尺寸单位:mm)

模板安拆工艺最小尺寸、模板外支撑系统安拆等要求。

(9)施工设备应根据坞内排灌工艺采用。

(10)多批次预制管节时,电器、灌水期间电动等设备应移至地面,钢筋加工车间、模板加工车间等不宜设置在坞内。

(11)合理布置坞内、外车辆运输路线,条件允许时宜布置下坞公路,方便施工。

(12)干坞坞门结构形式应根据沉管预制批次综合考虑。

①坞门结构较为复杂时,应进行专项设计。

②一次性预制的,宜采用钢管桩、钢板桩围堰、土围堰等结构。

③重复多次的可采用钢筋混凝土沉箱式坞门、钢结构坞门等。

【条文说明】干坞设计中,坞口及坞门设计是重点。考虑设计因素比较复杂,除采用现有干船坞的情况外,都需进行坞门设计,一次性预制的,通常宜采用与原基坑相同的结构形式,但今后作坞口处理的,如果设置钢管桩、钢板桩围堰等结构,对拆除相对有利;采用"轴线干坞"的,通常还须兼顾原隧道的结构施工;采用多次拆围堰或整体坞门结构形式,需根据工程实际情况比较综合考虑。

(13)坞坑(含坞墙)结构应根据地质、周围环境、征地拆迁情况进行设计。结构形式可采用混凝土、钢板桩、放坡等形式。

①位于市郊、孤岛等土地使用条件宽松,且属淤泥质、软土地基,宜采用放坡结构,常采用搅拌桩、旋喷桩止水结构。

②位于市区、岩质区域通常采用混凝土地连墙、锚杆等直立结构。

③含砂层、砂砾、块石等透水性强地段需采用混凝土或钢板桩止水结构。

(14)坞底排水应满足"管路通畅、不积水"设计原则。干坞地面施工范围必须设置完善排水系统,确保积水、雨水畅通排放。

(15)干坞内排或注水速度和深度应严格按照设计要求实施。

(16)在坞口封闭阶段,干坞防汛体系应独立;坞口敞开阶段,与施工区域外的原河堤防汛墙形成共同防汛体系;工程结束后,恢复原防汛墙,以确保坞内施工安全和防汛墙外陆地的防汛安全。

【条文说明】传统干坞预制沉管的布置方案多样、灵活,也是沉管预制最为常用的方法,除采用现有干船坞的情况外,因为平面布置、干坞选址及结构、预制工艺及流程、模板工艺、预制工期等一系列因素之间相互影响、制约,因此必须综合比选后确定。

13.2.4 移动式干坞预制

(1)采用移动式干坞预制沉管时,可采用浮船坞、半潜驳等。

(2)移动式干坞规模应考虑下列具体因素:

①管节长度及单次预制数量。

②半潜驳吨位、结构刚度。

③半潜驳有效面积。

(3)移动式干坞施工条件还必须满足以下因素:

①移动干坞靠泊工作码头。

②到达坞址间的航道。

③隧址附近下潜港池。

(4)校核管节预制、拖航、沉放等全过程中稳定性,应满足安全要求。

(5)一般宜以浮船坞、半潜驳船体本身建立独立管节预制测量体系,实施沉管预制测量放样。每道工序完成后应对移动干坞上测量控制点进行校核。

(6)预制底胎模按现有干船坞的底胎模要求设计。

(7)混凝土浇筑宜采用泵送工艺,施工期间应选择风浪较小时段,确保混凝土的浇筑质量。

(8)条件允许的情况下宜采用船舶坐底的方式施工。

【条文说明】移动式干坞预制工艺,是以浮船坞、半潜驳等水上船舶作为预制场地布置施工,施工条件受风浪影响较大,施工场地狭小,应用范围受到一定限制。

13.3 寄放区设计

13.3.1 寄放区布置方案可分为坞内寄放和坞外寄放。管节寄存区位置与规模应根据预制方法、舾装工艺、预制及安装进度、管节数量、预制场附近气象、水文条件等条件要求确定。

(1)到干坞和既有航道的距离宜尽可能短。
(2)应考虑管节寄放的安全,且便于管节的二次舾装。
(3)应避免受到恶劣的气象、水文条件影响。
(4)一般选择在干坞坞口附近范围为宜。
(5)"轴线干坞法"需要结合隧道的施工总体布局来考虑。
(6)工厂法预制可以与深坞尺寸要求、二次舾装工艺等因素结合考虑,将寄放区设在干坞内。一次性完成预制时,可不考虑寄放区。

【条文说明】沉管在施工过程中受到很多因素影响,需要设置寄放区,以缓解从预制到安装过程中的各种不利因素的影响,不同管节寄放方案的优缺点见表13.3.1。

表13.3.1 管节寄放方案优缺点分析

寄放方案	坞外寄放	坞内寄放
系泊设施	锚块	坞墙系缆柱
受外界因素影响情况	受风浪流影响较大	几乎不受外界因素影响
干坞尺寸要求	较小	较大,通常分深水坞和浅水坞
对二次舾装的影响	较小	较大,通常需特定的顺序和方案
受台风影响情况	较大	较小
管节坞内操作	只需管节出坞操作	需管节横移和出坞操作

13.3.2 寄放工艺可分为坐底和漂浮方式。寄放方式选择应考虑管节长度和数量、水深、水文、工期计划等因素。

(1)在台风频发、临近航道、海况复杂情况下,宜采用坐底方式。
(2)潮差大的水域宜采用漂浮方式。
(3)管节坐底时,应进行基床承载力计算及起浮工艺设计。
(4)管节漂浮时,应进行锚泊系统设计。

【条文说明】管节坐底和漂浮方式的优缺点分析可参见表 13.3.2。

表 13.3.2 管节坐底与漂浮寄放优缺点分析

寄放方案	坐底寄放	漂浮寄放
管节状态	坐落于基床顶面	漂浮状态
基床处理	需对基床进行清淤整平	不需基床处理
施工效率	较低,需注水使管节下沉,二次舾装时又需排水使管节起浮	较高,不需管节下沉和起浮操作
起重设备	需起重设备配合	不需要
台风对管节的影响	较小	浪涌会对结构造成破坏

13.3.3 坞外漂浮方式寄放时,需考虑管节长度、数量、水深及水文等条件,宜采用多点系泊方式。水域潮差太大时,宜采用单点系泊方式。

13.4 出坞航道

13.4.1 应根据航道水流、气象、出坞工艺等因素,确定出坞航道航线布置、航道宽度及底部高程。必要时需进行相关的模型试验验证。

13.4.2 出坞航道在坞口范围或寄放区不少于 2 倍管节长度的范围,必须充分探测水下地形、地貌,必要时进行硬扫床,确保无水下障碍物。

13.4.3 管节刚出坞时段,航行的航线与常风向、常水流出现较大的角度情况下,需在航道口范围布置考虑必要的防撞设施。

【条文说明】出坞航道是管节离开干坞进入浮运航道或寄放区的航道,干坞或寄放区与浮运航道间水域范围,由于干坞建造或寄放区设置,可能存在围堰拆除不彻底,水下遗留不明障碍物等情况,管节刚出坞时如果遇到意外的风浪、水流时,会影响管节的安全,需特别注意。

13.5 浮运航道

13.5.1 管节浮运航道可兼具船舶临时及原有航道的功能,航道水深及宽度以满足管节浮运要求为准,不满足的区段需要进行疏浚和维护。

(1)浮运航道设计原则上尽量利用既有航道,当沉管浮运造成较大的交通影响时,可以新开辟浮运航道并报政府主管部门批准后实施。

(2)临时浮运航道设计应充分考虑管节浮运掉头区及隧道管节的布置,尽可能减少航道转换次数。

(3)航道有效宽度的确定应考虑浮运工艺、船舶间浮运宽度、船舶与航道底边间富裕宽度、船舶和沉管偏移情况等因素。

(4)航道设计水深的确定应考虑沉管吃水、沉管航行时下沉值、波浪富裕深度、备淤富裕深度等因素。

13.5.2 应在沉管隧道轴线附近设置管节掉头区,并按航道要求设置临时导航及警示标志。施工期应加强海(水)上船舶交通服务(VTS)统一监管。

13.5.3 当沉管施工区域与原有航线交叉或占道时,需要设计改道专项方案,包括原航线改道、回迁、方案论证会、航行通告等应符合政府相关主管部门的规定。

13.5.4 沉管隧道轴线及浮运航道穿越繁忙航道、对海(水)上管节施工组织影响显著时,宜新开辟浮运航道,确保施工安全、工期可控。

13.5.5 浮运航道应按现行的相关规定进行设计、报审、施工、验收与使用。

14 管节舾装设计

14.1 一般规定

14.1.1 管节舾装应综合考虑管节的防水、操控、压舱和风险控制等因素进行设计。

14.1.2 管节舾装设计应遵循"安全可靠、便于拆装、经济合理"的原则。

14.1.3 管节舾装可分为一次舾装、二次舾装。

【条文说明】管节舾装的目的是为了满足管节浮运、沉放等施工的需要,应根据工况及施工条件,采用成熟、有类似工程经验的舾装设计方案,降低风险,确保施工安全,同时结合施工工艺与设备,实现标准化施工,方便安装拆卸,提高舾装件重复使用率。

通常情况下,一次舾装包括端封门、压载水箱及系缆柱、吊点、绞缆盘台座、拉合台座、导缆器、GINA 保护罩等舾装件。二次舾装包括沉放驳(安装船)、测量(控制)塔、拉合千斤顶、人孔井、导向装置等舾装件。

14.2 端封门

14.2.1 端封门可分为钢结构和钢筋混凝土结构两种材料形式,应进行经济、技术、施工、风险等综合比较后择优选用。

14.2.2 端封门周边与管节断面的接缝应具有良好的水密性,并根据隧道最大水深进行强度计算。钢结构端封门宜采用 H 形钢和钢面板的结构形式,并应保证 H 形钢骨架与钢面板的紧密贴合。

14.2.3 端封门的管线开孔应采用钢管焊接止水连接,并设置球阀挡水。

14.2.4 端封门上应至少设置一扇供人员和物资进出的舱门。

【条文说明】端封门是实现暗埋段对接端、管节端头封闭水密的临时辅助设施,主要有混凝土封门与钢封门两种形式,钢封门可重复利用,应用较广,有固定板式及装配式两种。钢封门的主要部件包括焊接型H形钢、预制牛腿、钢面板等。为便于管节对接后的贯通测量和小型施工物资的输送，根据实际需要，可在端封门上对应行车孔、中间管廊分别设置一扇舱门，以方便施工技术人员和物资进出以及对接完成后开舱检查止水带压合情况。端封门常用Q345B、Q235B钢材。

14.3 压载水箱

14.3.1 压载水箱的容量计算应能满足5%~6%管节自重的负浮力要求，具体如下：
(1)开始沉放时，消除管节的干舷高度所需的重量。
(2)沉放过程中，克服表层和底层水密度差异所需的重量。
(3)沉放完成后，为维持管节的稳定性，额外增加的重量。

14.3.2 管节内压载水箱布置应满足管节浮运及沉放期间稳定性和结构受力的要求。

14.3.3 应考虑进(排)水系统、预埋件及与压重混凝土置换施工顺序的协调。

【条文说明】压载水箱用于管节，在起浮、发生偏转、系泊和沉放时进行压重控制。压载水箱分布在管节内部，通过往水箱内注水或排水的方式控制管节的抗浮力。

港珠澳大桥海底隧道压载水箱挡墙由钢框架及木板墙组成，钢框架主要部件包括钢立柱、横梁、拉杆及其预埋件等；木板墙在水箱侧设防水膜隔水。压载水箱常用Q345B钢材，TB13及以上木材、PVC防水板。180m长的管节行车孔内部对称设置8处压舱水箱。

14.4 其他舾装件

14.4.1 测量(控制)塔设计应符合以下规定：
(1)应根据预定功能、构造和施工要求进行测量(控制)塔设计。
(2)测量(控制)塔钢结构应通过预埋螺栓与管节的钢筋混凝土结构连成一体，便于拆装。
(3)测量(控制)塔应最大限度地重复利用。
(4)测量(控制)塔设计应考虑以下两种工况：
①根据沉放工况的气象窗口条件进行变形控制设计(塔顶位移≤5mm)。
②根据防台风需求进行承载能力验算。

【条文说明】测量(控制)塔是沉放过程中测量管节姿态、平面位置及高程的重要设施。测量(控制)塔一般为装配式的钢管结构，应根据构造要求和施工要求进行设计，可分成2~3种模块单元进行加工制造。测量(控制)塔钢结构通过预埋螺栓等连接件与管节钢筋连成一体，

14.4.2 吊点设计应符合以下规定：

(1) 吊点应沿管节纵向、横向均匀分布，均衡分担浮态下的管节重力。
(2) 吊点设置宜与压舱水箱的位置相匹配。
(3) 吊点构造应包括预埋螺栓、预埋钢板、连接钢板、吊耳板和环板等。
(4) 吊点可通过螺栓与管节顶部的预埋件相连，宜沿纵向对称布置。
(5) 吊点在管节出坞之前安装，管节沉放到位后在水下拆卸。

【条文说明】沉管隧道管节通过钢索与沉放驳相连，钢索与管节的连接点就是吊点。吊点是沉放作业的支点，它通过管节侧墙顶部的预埋脚螺栓固定在管节上。吊点需要在坞内安装到位，还要便于沉放到位后在水下拆卸，可重复利用。港珠澳大桥沉管隧道每个管节设置四个吊点，使安装船能够均衡分担浮态管节重量。

14.4.3 系缆柱设计应符合以下规定：

(1) 可根据管节长度与形状不同，在管节上对称布置6组或8组系缆柱。
(2) 可通过螺栓与管节顶部的预埋件相连，宜沿管节纵向对称布置。
(3) 应根据施工过程中系缆柱承受荷载进行强度计算。
(4) 在坞内灌水之前，系缆柱必须安装到位，施工过程中严禁出现实际承受荷载大于设计荷载的情况。

【条文说明】系缆柱用于管节的移坞、系泊、浮运及沉放施工，可通过螺杆与管节顶部的预埋件相连，一般沿管节的纵向对称布置。在干坞内管节起浮之前，系缆柱必须安装到位。管节角部的系缆柱在管节浮运、沉放施工过程中主要起到缆线支点的作用；管节中间位置的系缆柱主要用于管节的浮运与横移。

14.4.4 拉合装置设计应符合以下规定：

(1) 拉合装置包括拉合台座、拉合千斤顶、导向杆、导向托架等。
(2) 导向杆应安装在待沉管节的对接端顶面，导向托架应安装在已沉管节尾端顶面。
(3) 导向杆和导向托架应通过螺杆与管节顶板的预埋件相连，便于拆卸与重复利用。
(4) 应依据拟定的管节拉合施工方案，计算出设计拉合力。
(5) 施工中应与管节测量系统同步作业、协调一致。

【条文说明】拉合装置用于管节对接时GINA橡胶止水带的初次压合止水。拉合装置与隧道管节顶部的钢筋混凝土拉合台座相连。

14.4.5 人孔设计应符合以下规定：

(1)应在管顶设置临时人孔井，并在端封门设置临时人孔。

(2)管节对接完成后，应对管顶预留的人孔用自密实低收缩混凝土进行封堵，且满足水密性及耐久性的要求。

(3)端封门临时人孔应便于拆卸与重复利用，每次使用前应检查其水密性和质量。

【条文说明】为方便操作人员在管节系泊、沉放就位时进入管节内部，一般在管节顶板上测量(控制)塔内设置临时作业用人孔井，一般采用圆形钢筒，内设爬梯。该人孔井设置在安装 GINA 橡胶止水带的一端。待管节沉放完毕后，需要及时对顶板人孔进行封堵。端封门临时人孔在确认管节可靠对接且排出隔舱积水后才能打开。管节水密性检查项目可参照附录 G。

14.4.6 其他

(1)管节沉放时，为控制管节的平面运动，可在顶面设置若干绞缆盘台座和导缆器。

(2)导向托架、导向杆预埋件的安装应充分考虑模板和钢筋安装及制作误差。

(3)GINA 保护罩应采用钢结构，出坞前预先安装在管顶对应的预埋地脚螺栓上，在沉放开始前分片拆除。

【条文说明】GINA 橡胶止水带是沉管隧道防水的关键部件，在施工过程中应确保其不受破坏，因此在管节出坞舾装时设置保护装置，GINA 保护罩要便于拆除、可重复利用。

为了避免坞内施工作业损伤止水带，最好在一次舾装时安装完成 GINA 保护罩。海洋环境下还要考虑到系泊、寄放等环节时间较长时，会滋生海洋生物黏附在止水带表面，影响压接和止水质量，止水带表面宜保留一层出厂时易拆除的薄膜，不应过早撕膜。

15 运营维护设施设计

15.1 一般规定

15.1.1 沉管隧道运营维护设施包括通风与排烟系统、照明系统、综合监控系统、通信系统、供配电系统、给排水系统、防灾救援系统、内部装饰与路面等。

15.1.2 根据沉管隧道所处的自然地理位置、气象及周围环境等条件，结合设计的公路等级和远期预测交通流等情况，隧道运营维护设施设计应遵循"安全、可靠、经济、实用"的原则。

15.1.3 运营维护设施设计方案的选择应与交通流的预测及发展趋势相适应。各系统之间应相互配合、相互协调，实现系统组成的功能最优化，最大限度地发挥系统总体调控功能。

15.1.4 运营维护设施设计方案应具有可扩充性和可升级性，兼容性强，满足近期使用、远期升级及系统联网的要求。

【条文说明】运营维护设施设计要预留必要的接口和数据通道。系统所采用的技术和设备应成熟、可靠、可操作性强，易于维修和更换，以达到降低运营成本的目的。

15.1.5 运营维护设施各系统的设计应遵照国家现行行业规范和规程的有关规定。

15.1.6 运营维护设施与土建工程应同步设计、协调推进，合理进行沉管隧道内部空间的分配，同时确保土建工程施工时完成运营维护设施的预留预埋，便于机电设施安装、调试。

【条文说明】受工程进度等因素制约，实际工程的沉管隧道运营维护设施设计往往滞后于土建主体结构设计，导致土建结构成型后运营维护设施无法满足要求或不得不进行改造的情况，因此加强隧道土建结构与运营维护设施的同步设计和协调一致至关重要，也十分必要。

15.2 通风与排烟

15.2.1 隧道通风方案应与主体结构工程方案同步设计、超前确定。

15.2.2 通风方式的选择，应在确保通风可靠的前提下，综合考虑总体投资（土建费用）、年运营电耗、温室气体排放量等技术经济和环保节能等因素。

15.2.3 通风设备的选用和配置应考虑近期、远期相结合,并优选技术先进、节能环保、成熟可靠的产品。

15.2.4 隧道通风设计标准不应低于《公路隧道通风设计细则》(JTG/T D70/2-02)、《公路隧道照明设计细则》(JTG/T D70/2-01)的相关规定。

15.2.5 防灾排烟系统联动设计应根据火灾发生时交通状况及火灾点位置确定风机及排烟口的开启方式及数量。

15.2.6 应控制对工程环境质量(环境空气质量、区域环境噪声)的影响,重视并落实环境保护措施。

【条文说明】通风方案是沉管隧道总体设计的重要组成部分,与隧道断面、路线选择等密切相关。通风方案不仅仅涉及通风的经济性和机械设备,而要从更广义的范围讨论通风方案与隧道交通方式(单洞双向交通或双洞单向交通的形式)、防灾计划(火灾或交通事故发生时应急用设施)、环境保护等的相互关系;当隧道很长且交通量大因而需设通风井实现分段通风时,通风设计更要与隧道结构、地质、地形、平纵线形以及隧道总造价等进行综合分析。当隧道因长度、纵坡、交通方式、交通量与交通组成、气象条件、洞内外环境敏感程度等因素综合考虑不能采用自然通风时,则应设置机械通风系统。鉴于此,本条特别强调沉管隧道通风设计要超前于土建结构,确保总体设计协调一致、总体最优。

港珠澳大桥通过工程类比、开展专项火灾模型试验和数值模拟计算,确定海底沉管隧道设计采用50MW的火灾热释放率,同时在中间管廊顶层配置独立的重点排烟系统以及泡沫-水喷雾灭火系统,火灾试验还对隧道内部装饰防火提出了建议措施。

15.3 供电照明

15.3.1 供电

(1)供配电系统设计应满足接线简单、运行方式灵活、安全、可靠、分级简单,确保供电质量,便于管理、维护,节约建设投资,减少运行时电能损失。

(2)隧道动力、照明的供电应分别由供电系统中独立回路配出,减少动力设备的起动对照明系统的影响。

(3)一级负荷应由两个相对独立的电源供电,当一路电源发生故障时,另一路电源应能自动切换,保障一、二级负荷供电。

(4)应根据各自负荷的特性,合理采用移动式柴油发电机、UPS、EPS等作为第三电源。

15.3.2 照明

(1)照明设计应贯彻"可靠、节能、美观"的原则,照明设备和控制方式简单,便于运营维护。

(2)照明设计应包括行车道、中廊、洞口、接线以及管理用房等。

(3)照明设计应综合考虑公路等级、隧道横断面与平纵线形、车道数、设计交通量、设计速度、洞内装饰等因素。

(4)照明设计应使路面维持平均亮度、路面亮度总均匀度、路面中线亮度纵向均匀度、频闪和诱导性满足道路交通安全要求。

(5)隧道出、入口段应充分调查周围环境亮度及其变化,考虑人的视觉适应性,设置加强照明和过渡照明段。

(6)隧道内分段长度及路面亮度及其均匀度应符合《公路隧道照明设计规范》(JTG/T D70/2-01)的要求。

(7)应结合隧道出口段、入口段(加强段、过渡段)、基本段的照明需求,根据洞外天空亮度和车流密度变化,采用不同的照明控制方式,以达到提高照明质量和节能的目的。

(8)应设置应急照明设施,可采用不间断供电设施,保证供电转换时照明中断时间不超过0.3s,水下隧道应急照明连续供电时间不应少于30min。

(9)照明设备应符合"节能环保、性价比高、安全可靠"的原则。

【条文说明】与普通公路照明相比,隧道不仅夜间需要照明,白天更需要照明,而且白天照明比夜间照明更加复杂,隧道不只像公路照明那样仅需提供一定的亮度,还应综合考虑设计(实际)运营车速、交通量、隧道线形等因素,并注意驾乘人员的安全性和舒适性,特别要注意隧道入口与相邻区段的视觉适应过程,尤其是海域隧道洞口遮挡少,环境亮度较大,洞口建筑和照明设计时更要高度重视。公路隧道的照明与行车安全息息相关,在进行照明设计时应以确保隧道安全行车、节能、经济运营为宗旨,适度引入先进技术。

15.4 给水与排水

15.4.1 一般规定

(1)给、排水系统由生产、生活、消防给水与排水系统组成,给、排水系统的设计应满足适用、经济、安全、卫生要求,尽量利用市政既有设施。

(2)隧道给水系统应满足生产、生活及消防用水对水量、水压和水质的要求,同时应坚持综合利用、节约用水的原则。

(3)对于隧道运营中各类污、废水及雨水应分类集中,就近处理达标后排放。排水系统应做到顺直通畅,便于清疏,维修工作量小。

15.4.2 给水系统

(1)生产生活用水应执行以下设计标准:

①工作人员生活用水量按 50L/(班·人)计(含开水供应),小时变化系数为 2.5;

②空调系统补充水按循环冷却水量的 2% 计。

(2)清洗用水按照 $8.0 m^3/d$ 计(消防时不考虑冲洗水量)。

(3)不同类别的附属建筑用水量应按《建筑给水排水设计规范》(GB 50015)确定。

(4)消防水量设计应符合以下规定:

①隧道消火栓用水量按 20 L/s 计;

②隧道洞口外消火栓系统用水量不应小于 30L/s。

(5)其他建筑物消防用水量标准应执行《建筑设计防火规范》(GB 50016)相关规定。

【条文说明】泡沫喷雾系统采用水成膜泡沫,又称"轻水"泡沫。泡沫喷雾除具有一般泡沫灭火剂的作用外,还能在燃烧液表面流散的同时析出液体,冷却燃烧液表面,并在其上形成一层水膜,与泡沫层共同封闭燃烧液表面,隔绝空气,形成隔热屏障,同时在吸收热量后,液体汽化稀释液面上空气的含氧量,对燃烧体产生窒息作用,阻止燃烧液的继续升温、汽化和燃烧。水喷雾系统对固体火灾有较好的作用,但很难扑灭 90 号以上的汽油火灾,而采用水成膜泡沫灭火系统虽然投资较大,但能迅速、有效地将该类火灾扑灭。

水下隧道水喷雾系统设计还应符合《水喷雾灭火系统设计规范》(GB 50219)、《自动喷水灭火系统设计规范》(GB 50084)、《泡沫灭火系统设计规范》(GB 50151)的相关规定。

15.5 防灾与救援

15.5.1 一般规定

(1)沉管隧道防灾与救援设计应包括预防火灾、交通事故、水淹、地震、台风、停电等情况的安全设施,以预防火灾和重特大交通事故为主,确保隧道使用人员和结构的安全。

(2)应贯彻"预防为主、防救并重、快速疏散"的方针,结合隧道使用功能、设计方案、交通组成、环境条件等因素,统筹考虑隧道使用人员安全、结构保护以及运营管理等方面要求。

(3)应按同一座隧道同一时间内发生一次灾害事故进行设计。

(4)隧道主体结构防火设计应满足如下要求:当遭受低于设防标准的火灾时,主体结构应不受损坏或无须维修即可继续使用;当遭受相当于设防标准的火灾时,主体结构可能有一定的损坏,但经维修后应能继续使用。

【条文说明】"预防为主、防救并重、快速疏散"是主动积极的防灾工作方针,要求建设、设计、运营和消防部门等各方人员密切配合,在工程设计中积极采用先进、实用、快速、高效的防灾和救援技术,正确处理好运营与安全、投资与效益之间的关系,建立科学合理的防灾机制,积极预防灾害的发生、发展及蔓延扩大。

山岭公路隧道发生火灾,即使结构遭受严重破坏,后期也可通过加固维修等措施恢复其结构安全,但沉管隧道不同,一旦结构遭受严重损坏,引起河水或海水倒灌,将可能导致其永久不可修复,因而沉管隧道防灾救援除应强调保障人员生命安全外,还应特别重视隧道结构防火能力。

国内外隧道灾害(火灾)统计资料显示,到目前为止,还没有同一隧道在同一时间内发生两次以上灾害(火灾)的记录。为此,本指南规定同一水下隧道按同一时间内发生一次灾害事故进行防护考虑的设计原则。疏散救援方案贯彻"以人为本、人命至上"的原则,方便驾乘人员快速疏散和消防人员进入实施救援。

15.5.2 消防

(1)沉管隧道消防应有完善可靠的给水系统、消火栓系统、泡沫-水喷雾联用灭火系统及灭火器配置。对重要电气设备用房应采用自动灭火系统,并设手提式灭火器,以确保能迅速有效地扑灭各种火灾。

(2)沉管隧道消防设计应执行国家现行规范、规程,管理用房等建筑物消防设计按《建筑设计防火规范》(GB 50016)执行。

(3)沉管隧道防灾排烟系统应包括排烟风机及控制设施、排烟道、通风井、防火门等。人行横通道(若设置车行横通道,则一起考虑)两端均应设置防火门或防火卷帘,并设置明显的指示标志。

(4)沉管隧道应配备完善的交通安全设施、综合监控系统、通信系统等设施,具体项目可参照附录 E 执行。

15.5.3 救援

(1)沉管隧道应制定运营期应急预案,应急救援线路及引导标志应醒目、简单、明确。

(2)沉管隧道应急救援预案区段划分应综合考虑逃生设施位置、火灾影响范围、通风排烟等因素。

(3)沉管隧道内一旦发生火灾,确认火灾后应立即封闭交通,火灾点下游的车辆应自行驾车由出口迅速撤离,火区附近临危人员应展开自救或弃车逃生,火灾点上游人员弃车通过人行横通道进入非火灾隧道或疏散通道撤离。消防队员从火灾点上游到达着火点进行灭火及救援工作。

(4)火灾工况下,隧道运营管理中心应尽快启动应急预案实施救援。

【条文说明】做好水下沉管隧道应急救援,能最大限度地减少人员伤亡和经济损失,水下隧道运营管理机构需要按照"集中统一、政令畅通、指挥有力、条块结合、资源共享"的原则,按照既定预案和现场机动处理的原则积极响应,确保在应对突发事件时形成紧密对接、上下贯通、高效有序的应急运作机制。在应急救援过程中,要坚持以人为本,确保抢险人员和受困人员生命安全。应急预案编制应符合《生产经营单位安全生产事故应急预案编制导则》(AQ/T 9002)的相关规定。

为了更好地实施水下隧道灾害时的应急救援,必须进行救援区段的合理划分。救援区段的划分不仅要考虑隧道火灾影响范围、通风排烟控制、救灾设备的配置,而且要考虑逃生通道的位置。合理划分救援区段,不仅便于制定应急救援预案,也有利于受困人员顺利逃生、救援人员进入事故地点开展抢险救灾工作。

15.6 其他

15.6.1 隧道行车孔内路面设计应具有足够强度、抗滑、耐磨、降噪、阻燃、耐久和行车舒适等功能。

【条文说明】港珠澳大桥海底隧道路面设计要求具有足够的抗拉、抗剪强度,能够满足远期交通量需要。在管节、节段接头处应考虑构造措施,保证车辆行驶平顺、舒适,满足防火、防油等要求,尽可能提高洞内路面使用寿命。

15.6.2 隧道内部装饰应结合使用环境、功能要求进行设计,遵循"安全、实用、经济、美观、便于清洗"的原则。

15.6.3 隧道内根据需要可设置消声措施。

15.6.4 隧道内各设施的悬挂及安装配件应根据其承重和耐久性要求,进行强度和防腐设计,且不得侵入建筑限界。

16 沉管隧道施工总体部署

16.1 一般规定

16.1.1 沉管隧道施工前应对施工区域环境条件和施工资源进行详细调研,调研内容主要包括水下及地下管线和构筑物、堤岸结构、航道状况、环境保护要求、防台锚地、地材供应情况等。

【条文说明】 沉管隧道施工前对施工区域范围进行详细施工调研的目的在于,充分收集施工区域范围内最新的气象、水文和地质等资料,通过调查确定施工总体方案,并建立质量、安全、环保等管理体系,确保工程质量及项目安全实施。

16.1.2 沉管隧道施工前应进行施工总体策划,策划主要包括总体施工工艺流程、施工总平面布置、施工计划及关键路线安排、关键船机设备选型和配置、施工组织及决策管理、施工测量与监控体系、采购计划、安全质量环保体系等内容。

16.1.3 沉管隧道施工前应复核干坞、寄放区、浮运航道等占用水域的坐标范围,向政府相关主管部门申报相关方案,办理航行通告,完成管节浮运和沉放方案的通航论证。

16.1.4 沉管隧道施工前应尽早确定施工总平面布置,开展施工组织设计、专项施工方案编制,根据施工设计图及确定的施工工艺方案,开展混凝土控裂、模板工艺设计、管节接头预制生产工艺、管节水下安装对接控制与测量工艺等专题研究,并进行混凝土配合比及管节基础施工等现场试验。

16.1.5 工程实施前应确定明确的质量管理方针和目标,对实现项目管理目标的过程进行质量控制项目识别,制定有效的控制措施,建立完整的、可对沉管隧道工程施工质量进行全方位、全过程管理的质量管理体系。

16.1.6 工程实施前应依据现行健康(Health)、安全(Safety)、环保(Environment)管理体系要求,建立 HSE 管理体系,明确 HSE 的管理方针和目标,对项目管理目标的过程进行 HSE 控制项目识别,制定有效的控制措施,并提供所需要的资源。

16.1.7 对于工程所在水域动植物有特殊保护要求的,应按环境保护、渔业部门要求制订专项保护措施。

16.2 施工总平面布置

16.2.1 施工总平面布置应根据沉管隧道总平面设计图确定,主要包括大型临时工程、小型临时工程及其他项目。大型临时工程平面设计参照第 13 章有关规定。

(1)应复核设计图纸,标明施工现场范围航道、管线、构筑物与隧址坐标位置。

(2)应根据施工工艺流程,绘制标明各阶段施工需要的管节浮运航道、施工线路。

(3)应根据工艺流程要求划定水上作业区域和施工船舶临时停泊区域,并按航道要求设置警示标志。

(4)施工现场各种功能区布置宜随施工进度的变化进行调整。

【条文说明】由于管节安放不同施工阶段的各个施工现场功能区布置可能会发生变化,工程实施前详细研究这些变化,实施过程中应及时在施工总平面布置图上进行标注。

16.2.2 施工现场平面布置

(1)施工现场平面布置应包括项目管理部办公场所、构件预制场、临时码头、陆路、水路交通路线等。

(2)应根据施工总平面布置的特点、管节预制工艺、工程建设规模等,统筹兼顾、合理布置各种地材资源、材料供应及运输方式和通道、构件预制场地、道路、水电供应网络、生产、生活活动场地及各种临时工程设施。

(3)生产设施应根据干坞形式、沉管预制工艺流程进行布置,主要包括混凝土拌和系统、钢筋加工车间、模板加工车间、设备停放场和材料堆放场等。

(4)场内上料码头、交通码头、施工道路等应尽量利用有利的地形、地貌合理布置。

(5)生活区、临时办公设施等布置,应考虑常风向,采取有效措施减少噪声、尘埃的影响。

16.2.3 临时系泊区

(1)施工水域应规划临时系泊区。

(2)管节安装过程出现意外时,临时系泊区可作为管节临时、短暂时间停泊区。当评估处理时间超过作业窗口允许时间时,管节必须浮运回寄放区或干坞。

(3)临时系泊区应充分考虑利用未安装管节的基槽水域范围时与其他施工工序冲突及可能发生的情况。

16.2.4 临时航道

(1)临时航道的规划应与隧址、管节沉放作业区及现有航道相协调。

(2)沉管施工区域与既有航线出现交叉时,应设计新的临时航道;临时航道的设计应按照政府相关主管部门的规定,进行通航论证。

16.2.5 防台锚地
(1)防台锚地应与隧址邻近,可选多个地点备用。
(2)当出现台风时,应按预定的防台方案组织防台避风。

16.2.6 避风港区
当风力大于船舶工作作业条件时,船舶应到避风港避风。

16.3 关键设备配置

16.3.1 沉放安装设备应根据安装方法进行配置或设计制造。
(1)管节数量少、风浪条件较小时,可采用起重船吊沉法,用起重船辅助沉放安装管节。
(2)管节数量较多、水深大时,宜用驳船吊沉法,配置浮吊驳沉放安装管节。
(3)风浪较大时,宜用升降平台法,配置升降平台沉放安装管节。

16.3.2 水下对接装置可采用鼻式托座定位、导向定位梁(杆)等。
(1)水下对接装置应考虑管节对接定位精度、对接时管节受力状态、施工难易度、运用的普遍性、技术的相对成熟及施工经验等因素。
(2)采用先铺法进行基础处理时,可采用导向梁定位装置进行定位。
(3)设置临时支座和水下垂直千斤顶设备。

16.3.3 管节对接最后拉合一般采用水下拉合千斤顶,其设置位置在沉管顶部,操作相对较简单。

16.3.4 管节沉放控制方式可采用全断面压载或偏心压载,包括管内压载水箱、抽水设备等。
(1)管节较长时,宜采用全断面压载水箱;反之,宜采用偏心压载水箱。
(2)偏心压载水箱可较好地控制管节沉放姿态。
(3)全断面压载水箱利用管节自身作为水箱一部分,可节约成本。

16.3.5 管节基础施工设备
(1)先铺法工艺施工宜配置基床整平船、水下整平机械人等专用设备。
(2)后铺法工艺施工宜配置水下基础压砂、灌砂或灌浆等专用设备。
(3)管节锁定施工应配置抛石船等。

16.3.6 管节施工测量设备

(1)管节施工测量设备应根据离岸距离、水深、水质、流速进行选择,主要包括测量(控制)塔、GPS测量仪、水深测量仪、全站仪、水准仪、水下声呐测量仪、拉线仪、姿态仪等。

(2)管节定位期间(管端距离>3m范围),可采用卫星动态差分测量控制定位。

(3)管节对接期间(管端距离<3m范围),可采用导向杆等粗精度测量。

(4)管节对接、拉合期间(管端距离<0.5m范围),可采用声呐、机械拉线等进行高精度测量。

(5)管节安装期间的姿态,可采用水位连通管、状态仪等进行测量。

16.4 施工计划及关键线路

16.4.1 施工计划应根据水文气象和船舶作业条件、工艺方案、施工工期要求、管节浮运和安装作业窗口等确定。

16.4.2 应采取可靠措施保证关键线路各个工序的实施。

16.4.3 管节浮运、安装作业窗口时长应根据浮运设备性能、浮运距离、浮运时间、施工区气象和水文条件综合确定。

(1)作业窗口的确定应综合考虑窗口时长要求及施工区域的长期水文气象预报数据。

(2)工程策划期及施工期应开展施工海域的气象水文条件持续观测和预报,分析各月连续24h、48h和72h满足某一风浪流条件的天数,初步确定可作业窗口。

(3)管节浮运作业窗口初定后,应按概率原理综合考虑波浪、水流和风的影响,对浮运作业窗口进行保证度分析。

(4)管节浮运作业窗口初定后,应在预定作业开始时间24h之前,获取作业窗口期内施工水域的水文、气象与海浪预报。

(5)应为工程施工人员提供能在整个施工作业期间获得基于48h水文气象预报的支持。

(6)有条件时,宜从两个不同的来源获得水文与气象预报,验证施工水域的作业窗口。同时现场设置实测实报点,判断与预报的差别,用于指导现场施工。

(7)管节浮运和沉放安装整个作业过程中至少应每隔2h获取一次天气预报。当对管节施工作业有特殊的水文、气象条件限制时,应加密频次获取水文气象预报。当预计天气有重大变化时,应直接与水文气象发布单位取得联系,并明确发生的具体时间,及时启动应急预案。

【条文说明】根据目前已建和在建沉管隧道的施工经验,对水文气象作业窗口要求比较严格的管节浮运、沉放和对接基本能够在72h内完成,因此条文中规定的分析各月连续24h、48h和72h满足某一风浪流条件的天数,可满足各种管节沉放作业窗口选择的需要。

16.4.4 当工程规模较大、施工水域海况复杂时,应研发管节浮运、安装施工作业窗口预报系统,以辅助施工人员进行决策。

【条文说明】根据已建大型沉管隧道工程施工经验,管节浮运、安装施工作业窗口预报系统一般包括沉管隧道管节浮运、安装作业的水文、气象限制条件,水文、气象监测数据的收集与分析,及其短期与长期预报功能,以便辅助施工人员进行作业窗口的选取。

(1) 统计分析施工区域的气象水文、环境数据,得出各类环境参数的时间变化规律。

(2) 根据浮运、安装施工工艺,分析管节浮运、安装周期中各工序作业对水文气象的要求,确定管节浮运沉放安装的周期表。

(3) 分析管节水动力特性及相关敏感性参数,得出不同水深条件下管节内力和变形的变化规律。

(4) 可采用室内模型试验、数值仿真方法对寄放、浮运及系泊沉放的典型工况进行分析,得出各典型工况的缆力与运动响应的结果。

(5) 将各种参数设计成计算机软件,形成管节施工作业窗口预报技术。

16.5 工程测量

16.5.1 工程实施前应收集当地水文、水质、混浊度等有关测量资料,明确管节水下对接精度要求,制定施工测量专项方案。

16.5.2 测量控制网应根据工程规模大小、总平面布置图、施工工艺要求等建立。

16.5.3 管节预制场可布置独立的场区控制网。
(1) 管节预制场位于坞址或邻近坞址时,可利用工程测量控制网。
(2) 管节预制场远离坞址时,应布置独立的场区控制网。

16.5.4 应根据管节安装数量、距离远近的要求,布置不同等级的测量控制网和测量控制点。

16.6 临时工程

16.6.1 临时工程一般应包括干坞、预制场、临时航道、混凝土拌和系统、临时码头、上料码头、厂区道路、生活及办公设施等。
(1) 施工现场内交通运输和材料来源、供水、供电等条件应满足施工需要。
(2) 场内生产设施、生活设施满足安全、环保及职业健康等方面的要求。

16.6.2 混凝土拌和系统

(1)管节混凝土有抗裂、温控等特殊要求,一般情况下宜在预制场内布置混凝土拌和系统。当工程项目位于市区内且管节数量少时,可考虑异地设置拌和系统,其混凝土运输时间、坍落度损失、温度变化等关键指标应满足管节混凝土浇灌的要求。

(2)拌和系统数量应根据生产工艺流程配置。

(3)拌和系统布置需根据场内地形、占地面积综合确定,一般情况下宜靠近在干坞周边。

16.6.3 上料码头

(1)当工程所需地材量较大时,宜采用水上运输,上料码头宜设置在预制场内。

(2)上料码头布置应根据管节出运工艺、岸线、水文条件等确定,不宜与管节出运航道交叉。

(3)当交通量较大时,可分别建设砂石料、钢材、水泥、人员交通等功能码头。

(4)砂石、水泥等材料可采用汽车、装载机、水泥车等运输工具转运到混凝土拌和系统。条件允许时,也可采用皮带输送带、管道泵送等设备。

16.6.4 厂区道路

(1)厂区道路应根据生产车间、干坞、上料码头、场内地形、交通量、工艺要求等因素进行布置。

(2)运输搅拌混凝土、钢筋、砂、石等材料时,厂区道路坡度不应过大。干坞内道路坡度不宜大于1:8,其他路段不宜大于1:6。

(3)有条件时,宜浇筑混凝土路面,尽量减少噪声、粉尘的影响。

16.6.5 生活及办公室设施

(1)除现场办公室外,生活及办公室设施应尽量与搅拌机、预制区等保持一定距离。

(2)生活及办公室设施布置应考虑常风向,采取措施减少噪声、尘埃的影响。

(3)生产工人较多时,宿舍区宜采用多栋形式布置,减少夜班、不同功能班组间的影响。

16.6.6 干坞建造

1)基坑开挖

(1)干坞开挖应根据支护结构形式、降排水方案确定开挖方案。

(2)干坞基坑开挖,应遵循分层、分段的开挖原则,严格控制超挖。

(3)干坞基坑周边应严禁超堆荷载。

(4)当坞址周边有建筑物、道路或管线等时,开挖中应严格控制周边地面变形,并做好民房、住宅等房屋鉴定工作。

(5)土方开挖应采用分层、分区开挖,控制分层挖土高度,并根据坡面等监测点的数据控制施工速度,及时调整开挖方案,防止滑坡和坍塌事故发生。

(6) 在机械开挖至设计底高程上约 30cm 时,宜改用人工开挖。

(7) 有条件时,宜设计下坞通道,下坞通道宜结合今后干坞道路一并布置考虑。

(8) 干坞周边应设置防水、排水设施,包括封闭的防渗墙、降水系统、地面排水沟等。

(9) 干坞采用放坡形式开挖时,必须在干坞周边设置完善的防洪、防台排水设施,包括封闭地下水的防渗墙、边坡降水系统、道路防倒灌水等。

2) 干坞基础

(1) 开挖至坞底高程时,应复核地基地质情况。当发现地质情况异常时,应及时反馈给设计单位。

(2) 结合管节预制工艺要求,对于软弱地基尚需加固处理后方能作为预制场地的基础。

(3) 软弱地基基底加固工程,应由有资质的咨询单位进行设计并经必要程序审批后才能施工。

(4) 应严格施工纵向和横向排水明沟、排水盲沟、集水井,确保畅通透水。

(5) 基坑施工期间,应根据排干水时间要求、当地大于 10 年一遇降雨量标准,配备足够的抽水设备和应急电源。

3) 坞口

(1) 坞口是相对较复杂的结构,宜采用干地施工。采用卧倒式结构坞门时,应采用干地施工;采用钢筋混凝土沉箱式坞门时,宜采用干地施工;采用钢板桩等围堰结构时,应采用水上施工。

(2) 选择钢板桩围堰等作坞门时,应采取有效措施保证钢板桩与坞口混凝土间的止水连接。

(3) 坞口混凝土量大,应采取有效控裂措施进行施工,可参照《大体积混凝土施工规范》(GB 50496)的有关规定进行。

4) 坞墙

(1) 根据坞内周围不同地质情况可选择放坡、混凝土、地连墙拉锚等坞墙结构类型。

(2) 坞内岸边地层为岩质时,风化严重区域应采用喷射混凝土结构,其他地质条件可采用天然坞墙。

(3) 坞内周边为土质地质且区域足够大时,可考虑放坡护岸,岸坡面应设倒滤层及护面块石结构,防止灌水时的土质流失。

(4) 坞内周边为土质地质、区域狭小时,可采用沉箱式、地连墙拉锚或重力挡土墙式混凝土拦水结构。

(5) 当坞墙采用不同结构时,在不同结构的搭接部位应加强止水措施,可采用注浆或埋设止水带等结构。

(6) 采用放坡结构的基坑,必须做好地面排水系统,确保台风、暴雨期间地面雨水不冲刷边坡。

（7）采用混凝土结构坞墙，必须严格保证伸缩缝、施工缝的止水效果，尤其伸缩缝间的橡胶止水带的施工质量。如果因沉降、位移等问题引起撕裂、拉断的情况，一般宜将破损处混凝土凿开，黏接好橡胶止水带，再完全修复伸缩缝。

（8）采用土堤、土坝结构的坞墙，宜先完成土堤、土坝结构断面，并待沉降、位移达到要求后，再一次性完成防渗墙等止水结构的施工。

（9）岩质结构的坞墙，宜在坑内外水位高程一致的情况下进行灌浆、压浆的施工。

（10）坞墙采用地连墙、锚杆结构时，考虑到锚杆受力等对墙后水位变化比较敏感，干坞进水、排水期间应采取向地下灌水等措施控制坞墙一定范围的地下水位，不宜有过大的变动。

16.6.7 工厂法干坞建造

1）工厂法干坞

工厂法与其他工法预制沉管方式不同。工厂法一般多数是利用水力方法将沉管从陆地工厂预制后放到水中，其建造施工要求与普通传统干坞有所区别，包括有深水坞、浅水坞等。

2）基坑

（1）基坑应采用干施工。干坞施工完成并经蓄水试验，验证整体干坞运行正常后，方可拆除临时围堰。

（2）坞口、泵房等结构比较复杂，应采用干地施工。一般可利用原地形、堤坝等，增加止水芯墙等措施改造成临时围堰；也可采用钢板桩、沉箱等修建围堰。

（3）岩质基坑宜采用爆破方法开挖。坞口范围、临水面较近时，必须严格控制爆距和药量，必要时改用机械或人工开凿，尽量减少后期岩体裂隙的处理。

（4）干坞施工完成应进行蓄水试验，验证渗漏、整体稳定等关键数据。干坞运行正常后，方可拆除临时围堰。

3）坞口

（1）坞口结构应严格按大体积混凝土控裂要求施工，且在施工缝处须设置止水结构，防止灌水出现渗漏。

（2）坞口结构混凝土宜采用整体浇筑的施工方案。

（3）橡胶止水带等止水装置应严格按设计要求施工，预埋、安装位置尺寸准确。施工过程中出现破损等，应采用整件更换，不宜采用现场修复。

4）坞墙

（1）浅坞坞墙埋深较浅，其防水及抗浮要求较高，应严格按照设计要求进行施工。

（2）坞墙可充分利用有利的地形地貌，减少坞墙的建造规模。如利用原地形或土堤结构时,需要对其透水、结构稳定性进行评估,必要时设置边坡加固措施。

(3)坞墙采用沉箱等空箱体结构时,施工时应满足透水及抗浮的要求。

5)底板

(1)深坞底板可采用原状结构,但对于岩质地基,必须严格清除局部凹凸面,保证平整度,确保富余水深要求。

(2)当干坞今后用作其他用途时,应按相应的要求浇筑或铺设混凝土。

6)深坞坞门

(1)坞门可根据结构方式不同,采用合适的方法建造,混凝土浮箱坞门宜选择在干坞内预制完成;钢浮箱坞门可场外加工,浮运到场内安装。

(2)浮式坞门开启后需考虑临时存放地点。一般可考虑在寄放区,有条件可以考虑设计专门存放区。

(3)混凝土浮箱式坞门施工期间宜按水运工程相关要求预制、浮运、安装,使用期间宜按船舶相关要求操作。

7)推移轨道

推移轨道梁除应满足管节推移功能外,还应设置置换台座,满足管节支撑千斤顶置换要求。

8)浅坞坞门

(1)浅坞坞门是预制厂区与浅坞之间分隔的坞门,可采用闸门、滑移式等结构形式,一般滑移式结构开启操作相对便利。

(2)闸门轨道基础的施工应考虑抗倾覆及止水等功能,结构尺寸可根据地质情况不同分类设计。

(3)闸门采用钢结构为宜,与坞墙及轨道止水采用波形或其他形状止水带。

(4)坞门每开启一次,应对关键的止水部件进行必要检查。

(5)坞门每开启后,橡胶止水部件在阳光下暴露时间过长,应不定期进行老化检查。

16.6.8　工厂建造

(1)由于沉管重量较大,综合考虑,工厂适宜选择岩地质区域建造。

(2)为更好实施流水化作业,生产线一般宜线条型布置。

(3)厂房建造需根据功能区不同分别考虑结构及空间高度。混凝土浇筑区宜选择泵送工艺;钢筋宜选择门式起重设备吊装;模板宜选择整体移动结构。

(4)钢筋加工、绑扎等可采用垂直主生产线的布置工艺,部分预先加工后,通过顶推等方式横移进入主生产线总装。

(5)采用用水力方法将沉管下水,浅水坞必须与生产线的高程、轨道相一致,浅坞与工厂间用闸门分隔。

(6)沉管第 1 次舾装适宜选择在浅坞区完成。

(7)沉管移动工艺需结合断面尺寸、结构、地基、工期、成本等因素综合考虑。轮轨移动工艺适合轨道梁、道渣等基础,滑移移动工艺基础需要设置轨道梁。

(8)沉管顶推工艺需结合断面尺寸、结构、地基、工期、成本等因素综合考虑。集中式顶推工艺对动力要求较大,但对各阶段施工影响较小;分散式顶推工艺对动力布置比较灵活,但动力、电缆等与其他阶段施工有影响。

16.6.9 临时航道疏浚

(1)临时航道疏浚应根据土质、气象水文条件、水深、工程量选择合适挖泥设备,具体可参照现行《疏浚与吹填工程施工规范》(SL 17—2014)。

(2)应严格控制开挖航道底高程、底宽和转弯半径底宽尺度,以确保沉管浮运安装要求。

16.7 施工监控

16.7.1 基坑施工监测

(1)基坑开挖时,应在坡顶地面及坡面设置监测点,并对监测数据进行信息化处理。应根据监测情况及时调整开挖方案,防止滑坡和坍塌事故发生。

(2)如坞址周边有建筑物、道路或管线等,开挖时严格控制开挖及降水速度,减少周边地面沉降及变形,并做好民房、住宅等房屋鉴定工作。

(3)应严密监测干坞周边地表的位移沉降、基底沉降和边坡变化,密切观测边坡稳定状态,建立预警系统和制定修复方案。

(4)应定期检查防渗墙或降水体系、边坡上排水系统。

(5)应监测干坞的沉降及位移情况。当基底沉降量与位移出现异常时,应及时查明原因,采取可靠措施进行基底处理。

(6)应监测干坞渗漏情况。当干坞底部和坡面出现渗水和管涌时,应查明位置,根据涌水量和涌水压力,确定采取堵漏或导排措施。

(7)采用钢结构围堰或有锚杆结构时,应同步观测监测点应力、应变。

(8)灌、排水期间应加强监测。

16.7.2 干坞监测

(1)干坞的坞墙、坞口、坞门等部位,必须设置沉降、位移观测点。干坞进水、排水过程中应进行监测,出现异常情况必须停止抽、排水作业。

(2)施工期间当基底沉降量与位移出现异常时,应及时查明原因,采取可靠措施进行基底处理。

(3)应加强监测、观察干坞周边的裂缝、渗漏情况。当干坞底部和坡面出现渗水和管涌时,应查明位置,根据涌水量和涌水压力等因素,确定采取堵漏或导排措施。

(4)应按现行的相关工程监测技术规范进行日常监测。

16.7.3 管节预制精度

(1)管节预制模板中的底板、跨中、顶点、端头等关键部位,应设置变形、位移、沉降等观测点,混凝土浇筑过程中宜实时观测。一旦发现观测值超标,应采取降低浇筑速度、变换振捣方法、暂停浇筑等必要的措施。

(2)采用一次浇筑成型的端钢壳,在浇筑过程必须实时连续监测,监测频率根据混凝土浇筑速度、振捣方法确定。

(3)当采用工厂法预制时,应严格控制钢筋笼绑扎、钢筋笼体系、成型钢筋笼等的精度。

16.7.4 管节顶推监控

(1)管节顶升过程中,必须实时连续监测千斤顶系统。

(2)沉管前进过程中,应实时连续监控管节轴线位置。

17 管节预制

17.1 一般规定

17.1.1 管节预制应根据预制管节数量、可连续性要求选择干坞法或工厂法。当管节数量多、连续性要求高时,宜选择工厂法预制工艺;当管节数量较少、连续性要求不高时,宜选择干坞法(包括传统干坞与移动干坞)预制。

17.1.2 采用整体式管节时,宜根据现场条件及施工能力合理进行分段、分步浇筑;采用节段式管节时,宜以节段为基本预制单元实施全断面一次性匹配浇筑。

【条文说明】整体式管节一般按照底板、外墙、中墙和顶板先后浇筑混凝土,通过在墙体设置冷却水管、后浇带等方式控制混凝土开裂。节段式管节长度划分要考虑实际施工能力和工艺控制水平,实现一次性匹配浇筑全部混凝土,确保节段混凝土浇筑的整体质量。

17.1.3 管节预制施工前应进行混凝土配合比设计,并制定混凝土抗裂专项方案。

17.1.4 原材料选择和管节混凝土配制应满足高性能混凝土耐久性相关指标要求。

17.1.5 GINA、OMEGA 等专用橡胶制品应设专门仓库及保护设施。

17.1.6 管节结构预制施工控制的主要参数应该包括:
(1)管节混凝土等级、抗渗等级。
(2)管节钢筋强度。
(3)管节之间接头件受力性能。
(4)管节永久性钢结构件的材料防腐性能指标。

17.1.7 管节结构外形尺寸及混凝土的重度应满足施工图设计要求。

17.2 干坞法管节预制

17.2.1 模板施工
(1)底胎模结构应满足施工承载力的要求,且必须最大程度减少吸附力。新建干坞可采用无砂混凝土垫层作为底胎膜面层结构,现有干坞应在干坞底板加设脱模层(如砂层加木板等)。

(2)管节外模板应结合起重设备能力和工艺要求,考虑采用整体式或分段、分块拼接。外侧墙模板不宜设对穿拉杆螺栓,宜采用桁架结构。

(3)内模板制作

①管节内模板可采用模板台车的形式。管节中断面变化大时,可采取组合异形模板的措施。

②内模台车也可制作成标准节段,应根据具体施工段的长度确定所需要段数,标准分节间可采用螺栓连接。

17.2.2 钢筋制作及安装

(1)钢筋制作及安装应符合《水运工程混凝土施工规范》(JTS 202)的相关规定。

(2)钢筋制作、安装工艺应根据混凝土浇筑工艺确定。

(3)顶板、底板、外墙、内墙及端封墙内的所有钢筋均不宜采用绑扎接头,宜采用焊接接头或其他经认可的以机械方式连接的钢筋接头,接头施工应符合相关规范要求。

(4)所有横向主筋接头不得设于框架节点范围内。顶板、底板和外墙的横向主筋接头应尽可能避免设于跨中,可根据实际放样设在1/3~1/4跨等应力较小处。

(5)在顶板、侧墙和管廊中隔墙位置处遇到直径或边长小于300mm的孔洞或管道时,可与设计协商将钢筋直接绕过孔洞、管道边,不得切断。

(6)底板钢筋绑扎、安装时,应设置支撑钢筋笼的骨架。

(7)钢筋绑扎安装时,宜设施工人员操作平台。

17.2.3 混凝土浇筑

(1)混凝土浇筑及养护应执行《水运工程混凝土施工规范》(JTS 202)相关规定。

(2)浇筑宜从管节的一端往另一端推进,底板、侧墙、中隔墙及顶板应合理划分浇筑分层高度。

(3)侧墙、中隔墙应间隔浇筑,浇筑高度差不得超过一个浇筑分层高度。

(4)管节浇筑可分为全断面一次性浇筑及分层浇筑两种方式,不应在结构受力最大位置设置施工缝。

(5)后浇带施工应在施工段混凝土浇筑完成并充分收缩后进行,按照经验一般为40~60d。

(6)施工缝处理

①施工缝混凝土应进行凿毛处理。

②混凝土浇筑时,止水带周边混凝土要振捣密实饱满,振捣器不能触及止水带,橡胶止水

带要采取防卷边的措施。

17.2.4 管节养护

（1）底板及顶板的上表面宜覆盖土工布浇水保持潮湿，待混凝土终凝之后，在板表面蓄水养护。

（2）中隔墙宜覆盖土工布并喷水保湿养护。

（3）外侧墙宜适当推迟混凝土拆模时间，拆模后，继续保温保湿养护，养护时间不小于14d。

（4）内模拆除后在管道两端应采用土工布等材料封盖，以减少管道内气体流动，保持内孔温湿度的养护要求。

17.2.5 端钢壳制作

（1）端钢壳应在工厂的专用胎架上制作，出厂前必须进行试拼验收，并应确保其运输过程中不变形。

（2）端钢壳放样精确尺寸应经过计算得出。计算应考虑图纸设计的形状及尺寸、制作误差、装配公差、间隙及反变形值、焊接和火焰矫正等过程中的收缩量等因素。

（3）半成品焊接应满足以下要求：

①端钢壳分段加工、制作半成品后应在现场进行组装。

②半成品的焊接应在专门制作的平台上进行，平台应具有足够的刚度和强度。

③无损检测的最终检验应在焊接24h后进行，超声波探伤按现行国家标准《钢结构工程施工及验收规范》(GB 50205)中对二级焊缝的规定执行。

（4）变形控制及校正应符合以下要求：

①采取增设临时支撑、加压板、先焊收缩量大焊缝等措施控制变形。

②在梁板纠正合格后再点焊端面的钢筋，并采用多把焊枪大功率火焰纠正钢筋焊接后的变形。

17.2.6 端钢壳安装

（1）端钢壳现场安装应设置临时支承架。安装的支承架必须能够抵抗浇筑混凝土时的侧向推力。

（2）支承胎架除支承端钢壳外，应提供安装端钢壳的操作平台，并能夹紧端钢壳半成品部件。

（3）安装时应根据中线、基准线等控制线确定各半成品的位置，宜在半成品构件上及安装支承架相应位置标出控制线、安装编号。

（4）半成品工件各自对号入座时，应设置必要的临时固定支撑点，同时应设置调节装置。

(5)调整后应复查其中心线、对角线及端斜面等各个控制参数。误差符合有关规范及设计要求后方可施焊,焊接时应采用间断跳焊来防止变形。

(6)为尽量减小端钢壳安装的误差,端钢壳面板可采用二次安装方法。

(7)管节混凝土浇筑完成后,应先除去临时支撑及夹具,使支承架与端钢壳分离,同时应对端钢壳进行全面的量测,并记录好各种数据。

17.2.7 端钢壳细石混凝土灌注

(1)在端钢壳的安装、校正、加固和管节混凝土施工完成并稳定后,应尽快地完成端壳面板与腹板间的灌浆。

(2)灌浆应采用高强度、无收缩、易流动及低水率的细石混凝土,细石粒径在 2~5mm 之间,强度等级不小于 C40。

(3)注浆压力宜控制在 0.3~0.5MPa,灌注时按照从下至上、从中间到两边,分步对称缓慢均匀进行。

(4)灌注过程应要做好记录,对每隔腔实际灌注量和理论体积要逐一比较,如发现出入要找出原因并采取措施。

17.2.8 预埋件安装

(1)预埋件位置与钢筋位置冲突时,采取钢筋避让原则,应在设计允许情况下,对切断的钢筋结构进行补强。

(2)管节内预留、预埋孔洞等宜在墙体内侧开洞,并补强钢筋。

(3)预埋钢结构时,应按环境条件及设计使用年限的划分情况,并按照相关技术规范采取防腐措施。

(4)安装中埋式钢边止水带时,应达到设计要求的向上倾角,以满足振捣排气的功能要求,并严格控制振捣压实效果,保证止水质量。

17.2.9 防水底钢板

(1)防水底钢板平整度要求应和底胎模要求一致。

(2)钢板放样应考虑钢板的长度、宽度、钢板和钢板之间的焊接间隙量等因素影响。

(3)底钢板拼接固定时,每次可铺设数列钢板,并宜在钢板焊缝处安装纵横方向的加劲肋以防止焊缝变形。

17.2.10 垂直千斤顶预埋件

(1)垂直千斤顶预埋件安装时,现场放样宜定出成套千斤顶底座的四个角点和中心点。采用防水底钢板时,应在防水底钢板上割出钢支承杆伸出的孔洞。

(2)安装成套千斤顶时,可用角度尺校正预埋件的角度,并固定在底钢板上。

(3)安装焊接过程中,应监控千斤顶的轴向受力垂直度。当出现位移或角度不正确时,应及时调整,安装完成后要进行复测。

17.2.11 端封门预埋件安装

(1)底板、侧墙及顶板的预埋件安装时机视钢筋绑扎情况定,外侧牛腿及钢梁牛腿的定位误差应满足设计要求。

(2)端封门枕梁预埋件应与钢梁牛腿预埋件安装保持在同一条直线上。

(3)钢梁竖向倾斜度偏差、钢梁外侧翼缘板与外侧牛腿面板的高差满足设计要求。

17.2.12 压载水箱预埋件安装

(1)压载水箱采用钢结构时,可将立柱、下横、上横梁及拉杆等进行预埋安装。压载水箱预埋件还可包括给排水类预埋件、支管穿仓预埋件、压载泵预埋件和透水孔预埋件等。

(2)水箱预埋件可采用焊接施工,安装可采用定位槽钢固定形式。

17.2.13 舾装预埋件

(1)舾装预埋件一般可包括测量塔、主、副缆墩、吊点、拉合座、人孔、导缆钳、滑车等。

(2)安装时,应确保拉合座精确安装要求。

(3)施工过程中应严格控制初拧和终拧的施工工序,防止漏拧,螺栓拧紧后应采用快干防锈漆封闭表面。

(4)联组预埋件可使用临时胎架定位。

17.2.14 灌砂管预埋

(1)隧道沉管段基础采用灌砂法施工时,应在管节预制时预埋灌砂管。

(2)灌砂管应在管节面处设保护圈,在接入口处加盖。

(3)管节沉放前,应安装好管顶灌砂接入口的法兰盘和法兰盖。

17.2.15 排水及消防、照明、监控设备等预埋件应满足以下要求:

(1)孔洞密封材料应与墙体耐火等级相同,并满足结构防渗要求。

(2)设备孔洞尺寸应按设计要求设置,设备孔洞表面与隧道墙体一致。

(3)暗敷管线超过规定长度时,应在接线处设接线盒。

17.3 工厂法管节预制

17.3.1 节段混凝土浇筑宜采用全断面一次浇筑成型工艺。

【条文说明】大截面管节模板施工分为全断面一次拼装成型和分段、分层拼装成型方法,全断面一次拼装成型模板宜采用大型液压自动化驱动模板,可高效完成内外模安装任务。

17.3.2 工厂法管节预制宜采用节段匹配预制法,各节段应匹配联动,底板、墙体及顶板钢筋施工宜采取流水同步作业。

17.3.3 模板系统设计与施工

(1)模板系统应能控制管节形状和尺寸的准确性,便于钢筋骨架成型、预应力的张拉、混凝土浇筑等要求。

(2)工厂化预制管节时,车间内宜配置全断面、全液压控制系统的模板系统。

(3)工厂化预制模板系统一般包括外模板部分(底模、侧模及端模)、导梁部分(针形梁)、内模等部分。侧模可按整体拼装、整体脱模设计;工厂化自动化模板的底模应具备全自动可升降功能,可解决混凝土浇筑与管节顶推工序的自由转换;内模可按穿入式移动架设计。

(4)工厂化自动化模板迎水结构不宜设置对拉杆,腔内墙体可设对拉杆。

(5)工厂化液压模板应具备适应曲线段管节预制的功能。

(6)端模设计可分为端钢壳端模及节段接头端模两类。为了保证端模的整体线形满足断面预埋件安装精度,应在混凝土浇筑过程中全程动态监控模板位移变形情况,发现有胀模现象,立即调整,确保满足端面整体平整度的要求。

(7)模板的结构应有足够的稳定性、刚度和强度。

(8)模板安装时应确保各部件之间的连接(螺栓连接、焊接等)满足设计要求。

(9)模板构件间相互移动界面应保持干净和润滑。

(10)混凝土浇筑时应确保液压系统不受模板侧力。

(11)模板拆除前,应确保相应位置混凝土达到设计拆模强度。

(12)模板拆除后,应对模板面板进行清理,并在下一次浇筑前涂刷上脱模剂。

(13)模板系统应进行定期保养,确保模板的各部件及各部件之间的连接处于良好的状态。

17.3.4 钢筋加工场地

(1)钢筋加工场地应按功能分区,各功能区之间的物流遵循机动、灵活的原则。

(2)钢筋加工设备宜采用高精度、高效生产设备,并按照各功能区共用原则布置。

(3)原材料、半成品堆放区宜各配置吊装设备。

(4)根据设计图纸不同结构部位钢筋的分布,分区布置现场原材料堆放区域。

17.3.5 钢筋加工

(1)采购数量较多、直径大的钢筋时,宜采用定制长度方法,钢筋长度应考虑生产的偏差。

(2)钢筋接头形式应根据钢筋规格、类型、技术要求及场地设置等因素综合确定。

(3)套筒连接的钢筋下料长度应考虑加工及绑扎过程中可能出现的弯曲机定位偏差。大批量施工前,宜进行工艺试验。

(4)需要机械连接的钢筋须进行锯切生产流程操作,且满足相关的钢筋机械连接技术规程。

(5)钢筋下料、弯曲及加工应满足《公路桥涵施工技术规范》(JTG/T F50)及《钢筋机械连接技术规程》(JGJ 107)等规定。

(6)钢筋下料应预先考虑预留的人孔或振捣孔的尺寸,提前预留机械连接接头,方便预留孔洞的钢筋连接。

17.3.6 钢筋绑扎

(1)根据工厂化预制流水线作业要求,钢筋绑扎场地宜按功能分区。

(2)流水线各步骤宜合理分配资源,安排步调基本一致。

(3)各钢筋绑扎台座应设置相应的绑扎胎架,主筋间距的定位利用胎架作为定位卡槽按照不同部位的钢筋可设置为可拆装式结构、固定式结构和活动式结构。

(4)钢筋笼各绑扎区流水作业过程中,应设置刚性骨架、滑槽、滑轨,在滑轨上绑扎钢筋,并用适当辅助支撑架确保钢筋笼的整体稳定,完成一个步骤后滑轨和钢筋笼一起进入下道工序。

(5)钢筋笼顶推可采用几台液压千斤顶同步顶推,顶推过程中应监控钢筋笼的变形情况。

(6)内腔可拆卸式胎架应与模板系统相互匹配,胎架可在钢筋笼完整成型及体系转换完后拆出。

(7)管节钢筋在底板和侧墙、隔墙和顶板之间的接头设置应按照安装工艺和规范要求合理设计。

(8)底板劲性骨架与墙体劲性骨架连接处应准确对接且焊接牢固。

(9)墙体钢筋应满扎,且应保证钢筋的垂直度,其与劲性骨架焊接应牢固。

(10)顶板钢筋绑扎最后闭合一个接头钢筋可根据现场实量情况下料。

17.3.7 钢筋笼场内运输

(1)工厂化管节预制时钢筋笼在底板、墙身及顶板钢筋绑扎区间的运输可采用顶推滑移方式。

(2)采用顶推滑移方式时,每个钢筋笼宜设置适当数量的滑移轨道作为支撑。

(3)应设立自动顶推控制系统,顶推千斤顶应同步顶推移动。

(4)管节钢筋笼采用移动方案时,应建立钢筋笼移动平衡系统,以确保钢筋笼在整体移动过程中不发生变形。

【条文说明】管节钢筋绑扎根据工艺不同,可分为分段绑扎成型和整体绑扎成型两种方法,需根据不同方法建立钢筋绑扎胎架,且具备可拆、重复利用特点。

针对管节钢筋截面大,配筋率高等特点,宜在钢筋笼内设置劲性骨架,提高钢筋笼整体刚度,并起到架立筋作用。

17.3.8　钢筋笼体系装换

(1)钢筋笼顶推移至浇筑台座后,可通过辅助吊架悬吊钢筋笼,并将内胎架拆除。

(2)钢筋笼升起后,应滑出顶推台车,并拆散后分块运至底板绑扎区,重新组装成新的绑扎台车,进入下一步循环。

【条文说明】下放钢筋笼(如充气胶囊充气、放气)直到钢筋笼全部由底模上垫块承受,完成钢筋笼的体系转换。

17.3.9　混凝土浇筑

(1)混凝土浇筑可分为一次性全断面浇筑和分段、分层浇筑。多次浇筑结合部位应设伸缩缝,具体位置应经设计验算,浇筑施工应严格按设计及规范要求进行。

(2)混凝土生产宜采用强制式拌和机拌和、全自动计量系统控制。

(3)搅拌及运输设备能力应适应混凝土凝结速度和浇筑速度,保持均匀性和良好的拌和物性能。宜采用泵送方式浇筑,也可考虑皮带输送方式。

(4)混凝土输送入模前应测试混凝土的性能,确保入模混凝土的性能满足设计要求。

(5)混凝土浇筑可采用泵送工艺,利用多台布料机覆盖腔内及腔外,从一端向另一端连续进行全断面浇筑。

(6)下料高度大于2m时,下料点宜采用配串筒或导管浇筑。

(7)墙体下料点间隔不宜超过3m,应避开预埋件、预埋设施及预应力管道。

(8)混凝土浇筑时采用分层浇筑,分层厚度宜设置在30～50cm,并确保初凝前覆盖上层。

(9)混凝土浇筑时,应确保有足够的振捣工人对混凝土进行振捣。

(10)混凝土宜采用插入式振捣器进行振捣,应遵循"快插慢拔"的振捣原则。

(11)在混凝土分层下料时,振捣棒应插入下层5～10cm以确保分层间混凝土的连续性。

(12)振捣棒振捣时,振点宜根据振捣有效半径采用梅花形布置,不应触碰钢筋、模板和预埋件。

(13)沉管特殊部位(剪力键、倒角等)应采取开孔或导向振捣。

(14)在混凝土初凝前,宜对顶面进行二次振捣。

(15)在未设置模板的位置宜设立混凝土高程控制点,以确保管节的整体尺寸符合设计要求。

(16) 在混凝土浇筑过程中宜在浇筑点每 2h 检测一次混凝土工作性能。

(17) 混凝土宜采用冰水加冰屑进行降温，建议入仓温度控制在 25℃ 以内。

(18) 在混凝土浇筑期间，应设专人检查模板、钢筋和预埋件等稳定情况，当发现有松动、变形和移位时，应及时处理。

①混凝土养护可分为腔内及腔外养护两类。宜采用具备温湿自动喷淋养护系统的养护棚进行养护，并宜设成活动式雾化喷头，以满足全面养护功能。

②应建立应力、应变及温度监控系统，及时掌控管节内部水化热对管节的内力影响。

③为了适应管节顶推的要求，养护棚宜设置成内折叠式可伸缩、固定式养护棚两类，进行分阶段、多节段的混凝土养护工作。

④养护棚内宜设置空压机以输送压力水至雾化喷头，喷雾形成雾氛进行养护。

17.3.10 端钢壳安装

(1) 考虑工厂化施工特点，端钢壳施工宜采用一次性整体端钢壳，端钢壳应按照先两侧后中间的顺序安装。

(2) 应采用专用胎架进行制作；试拼合格后，方可运至施工现场。

17.3.11 预埋件安装

(1) 预埋件应在钢筋绑扎区初步定位，然后再到浇筑台座进行精定位。

(2) OMEGA 橡胶止水带的预埋件：

①预埋件应分块制作，分散在各钢筋绑扎功能区进行安装，钢筋笼运输到位后，再浇筑台座进行精确定位及接头焊接。

②预埋件应从两侧同时向中间进行精定位，分段进行精调及接头焊接施工。

③预埋件初次安装应预留合适调整量。钢筋笼定位完成后，预埋件进行精调后，再用定位钢筋将预埋件与钢筋笼焊结固定。

④预埋件的焊接焊缝应满足焊缝的相关要求，面板和翼缘的所有分块间焊缝应水密性焊接。

⑤端钢壳处的管节接头预埋 OMEGA 橡胶止水带套筒、预埋件的螺孔应采用螺柱结合基油脂封闭。

(3) 中埋式可注浆钢边止水带施工应严格按照技术说明书步骤进行操作，且满足以下要求：

①止水带可采用现场安装完成后进行接驳的方式。

②注浆管需在混凝土浇筑后进行疏通清理，水密性试验过程前进行注浆封堵工作。

17.3.12 管节顶推

(1)管节顶推可分为分散顶推、集中顶推、牵引法、气囊运输等。

①气囊运输比较适合于干坞法预制或者陆上预制,并采用半潜驳运输的工艺,特点是简单、节能。

②集中顶推控制比较简单,反力支点受力较大,距离长时需增加支点,应通过计算确定反力支点。

③工厂法预制管节时,宜采用分散顶推施工。

(2)采用滑移板分散顶推施工方法时,节段下方支撑千斤顶应具有根据滑移轨道的表面平整度情况自动调节其支撑高度的功能。

(3)沉管节段下方的千斤顶宜为3套相互独立、三角形布设的液压千斤顶,以形成底部"三点"支撑。

(4)每个节段下方均宜设置顶推装置,分散顶推力。

(5)单节段顶推时应注意顶推轴线的偏差控制,多节段顶推时应考虑节段之间不容许出现拉应力,严格控制顶推的同步性与平衡性。

(6)顶推时管节混凝土强度应满足设计的顶推强度要求。

(7)顶推过程中,应对节段接头进行空间立体相对位移观测,如发现异常立即停止顶推,以确保剪力键部位不产生抗剪裂缝,或因节段接头受拉导致其他预埋构件的损坏。

(8)顶推滑移轨道及滑移面

①滑移轨道基础为坚硬岩石或处理后的地基时,其轨道梁形式可为钢筋混凝土梁。

②滑移轨道梁基础与钢板间的空隙可用高强灌浆材料填实。

③可采用不锈钢板和聚四氟乙烯板(PTFE板)组成管节顶推的滑移面。

17.3.13 管节预应力张拉

(1)多节段组成的柔性接头管节应按设计要求预留预应力孔道。

(2)节段接头处预应力管道应做特殊密封处理。

(3)预应力张拉及压浆施工应满足设计图纸及《公路桥涵施工技术规范》(JTG/T F50—2011)的相关要求。

(4)灌水横移前,应将液压支撑千斤顶拆除。在张拉完成后,应对管节进行体系转换,即管节由原来支撑千斤顶支撑更换为无缘支撑(混凝土结构支撑)受力,满足灌水期间支撑结构的稳定。

(5)在管节张拉及体系转换过程中,应对管节的三维姿态进行全面监测。

17.3.14 节段接头处理

(1)剪力键施工。

①钢结构剪力键可采用焊接或拴接形式进行安装。

②对于混凝土结构管节,剪力键的安装可分为预埋件及钢结构剪力键两个阶段。

③预埋件部分在管节浇筑前安装,钢结构必须等管节沉降基本稳定后方可安装。

④剪力键间受力部位应设置橡胶或沥青缓冲层。

⑤采用钢结构剪力键时,应确保防腐层满足设计耐久性要求。

(2)节段先浇端端面应平整干净,节段间缓冲物(如聚乙烯泡沫板)附着应牢固。

(3)止水带。

①安装橡胶止水带时安装界面应无尖锐物体。

②橡胶止水带附近不宜进行明火作业。

③橡胶止水带安装位置应满足设计要求。

(4)节段间注浆。

①注浆前,应确保注浆管保持畅通,注浆能形成回路。

②注浆时的压力及注浆完成后的保压时间应符合设计要求。

(5)在坞内注水前,应对节段接头间的水密性进行检查,应确保在设计要求的压力及保压时间内止水带及混凝土不发生渗漏。

17.4 预制管节防渗和控裂

17.4.1 基本原则

(1)应根据管节混凝土结构所处的环境或服役条件确定沉管混凝土的防渗性能,混凝土的抗渗等级应符合表17.4.1的规定。

表17.4.1 沉管混凝土抗渗等级

埋置深度 H(m)	抗 渗 等 级	埋置深度 H(m)	抗 渗 等 级
$H<20$	≥P8	$H≥30$	≥P12
$20≤H<30$	≥P10		

(2)管节防渗应立足于管节混凝土结构的自防水作用,首先配制满足抗渗等级要求的混凝土,然后通过合理的施工控制措施确保实体混凝土密实无危害性缺陷及裂缝。

(3)管节混凝土结构不出现危害性裂缝是确保管节防渗性能的关键。应根据管节设计使用年限、构造形式以及施工工艺特点等设计控裂方案,明确原材料及配合比性能指标要求、温控指标要求、施工过程的关键性控制参数及技术措施,并通过相应的现场模型试验进行验证和调整。

(4)管节控裂应重点控制温度与收缩自身变形导致的混凝土早期裂缝。

(5)管节裂缝的控制措施应考虑施工过程中荷载因素,支撑、移动和存放过程中随着荷载变化可能导致裂缝的产生,并制订相应的防护措施。

【条文说明】本条提出了管节防渗及控裂应遵循的基本原则。

（6）沉管隧道所处的环境较为恶劣,结构主体长期浸泡在水中受到各种侵蚀介质的侵蚀以及干湿交替的作用,各种侵蚀作用对混凝土的破坏与混凝土自身的防渗性能密切相关。因此,沉管混凝土因满足不同环境及服役条件的抗渗等级要求。沉管的埋置深度决定了其对混凝土抗渗等级的要求。

①实体结构混凝土的密实性以及开裂程度直接决定了管节的防渗性能。

②不同设计使用年限的管节结构对混凝土性能要求不同,不同构造形式以及施工工艺特点的管节结构适用的温控措施不同,这些都是管节结构进行控裂设计时需要考虑的因素。通过控裂设计,明确管节混凝土施工过程中的原材料与配合比性能指标、温控指标、施工过程与控裂相关的控制参数,这些指标与参数是确保管节防渗性及整体耐久性的关键。但是,这些指标或参数的合理性与有效性,在管节混凝土浇筑施工前,需要通过相应的现场模型试验进行验证或调整。

③管节控裂主要针对的是在管节预制施工阶段,由于温度、收缩变形导致管节混凝土在施工期出现的裂缝。

④除了温度、收缩变形导致管节混凝土出现裂缝外,在施工过程中由于荷载变化也有可能导致裂缝的产生,需要采取措施进行防护。

17.4.2 控裂专项方案

（1）管节混凝土施工阶段的温度控制指标应满足表17.4.2的要求。

表17.4.2 管节混凝土温度控制指标

浇筑温度	内外温差	表面与环境温差	表面与养护水温差	内部最高温度	降温速率
5～30℃	≤25℃	≤20℃	≤20℃	≤70℃	≤2℃/d

（2）混凝土浇筑时应采取有效措施降低原材料温度。拌和与进料时,水泥温度不超过60℃、粉煤灰温度不超过40℃、矿粉温度不超过50℃、集料温度不超过30℃。

①宜在胶凝材料储存罐体外部刷涂浅色涂料、延长存储时间以及在罐体外部喷淋冷却水,降低胶凝材料温度。

②集料堆场宜采取遮阳、喷淋等措施,降低炎热天气条件下集料温度。

③在外加剂储存罐体外部宜刷涂浅色涂料、搭设遮阳棚,降低外加剂温度。

④施工过程中,宜采用便携式温度计或在料仓预设温度监测传感器对原材料温度进行监测。

（3）浇筑温度控制可单独或组合采取下列措施:

①尽量利用低温时段浇筑混凝土。

②宜使用低温水拌和混凝土,如地下水、制冷水或冰水等。

③宜使用碎冰代替部分拌和水拌和混凝土,碎冰厚度不超过3mm,混凝土中使用碎冰替代拌和水的最大数量一般不超过60kg/m³,加冰后混凝土搅拌时间不少于120s。

④有条件时,宜采用风冷集料、水冷集料、液氮冷却混凝土等降温措施。

⑤提高混凝土浇筑能力,缩短浇筑时间,缩短运输时间,减少转运次数。

⑥对混凝土运输设备进行遮阳、隔热、降温;高温天气在浇筑仓面喷雾。

⑦可埋设水管通水冷却,冷却水管宜采用内径为25～50mm的金属或塑料水管,水管间距宜为0.5～1.5m,管内冷水流速不宜小于0.6m/s,冷却水的温度与混凝土内部温度之差不宜超过25℃。

(4)混凝土生产与运输

①称量和配料机械装置,应经计量检定并维持在良好状态中。各种衡器应至少每周自校一次,以保证计量准确。

②混凝土配料应按照配料通知单进行称量,集料称量的允许偏差为±1.5%,其他原材料称量的允许偏差为±1.0%。

③每次配料拌和混凝土前,应根据集料含水率检测结果在用水量中予以扣除,并提供实际使用的施工配合比。

④施工时原材料称量示值胶凝材料每一工作班至少检查4次,水每一工作班至少检查4次,集料每一工作班至少检查2次,外加剂每一工作班至少检查4次。

⑤施工过程中应检查集料含水率变化,每一工作班至少检测含水率2次,当含水率有显著变化时,应加密检测频率,并根据含水率变化调整施工用配合比。

⑥混凝土拌和,应将各种组合材料搅拌成分布均匀、颜色一致的混合物。搅拌机的转动速度,必须按搅拌设备上标出的速度操作。

⑦混凝土搅拌投料顺序、搅拌时间宜据搅拌机性能、混凝土性状,通过现场试验确定。

⑧混凝土坍落度、含气量、重度及出机温度,每工作班最少检测2次。混凝土浇筑过程中,应检测同条件混凝土的初凝时间及泌水率,并不少于一次。

⑨混凝土运输能力应与混凝土的坍落度损失、凝结时间及浇筑速度相适应,应使混凝土运输连续不间断且混凝土输送入模时仍能保持其均匀性和相应的工作性。

⑩混凝土入泵前发生离析、泌水或坍落度不符合要求时,应进行第二次搅拌,二次搅拌后仍旧不符合要求的混凝土不得使用。

⑪混凝土运输至浇筑现场时,每工作班最少应检测一次混凝土的坍落度、浇筑温度。

(5)混凝土浇筑

①管节混凝土全断面一次性浇筑应分区进行。可按照底板、墙体下部、墙体上部、顶板四

个区域进行浇筑,浇筑布料厚度宜为 30~50cm,由一端向另一端分层连续布料。

②非全断面浇筑的管节,可按照底板、墙体、顶板分三个阶段浇筑。混凝土布料厚度宜控制在 30~50cm,由一端向另一端分层连续布料。

③连续浇筑的上下层混凝土布料浇筑间歇不应超过混凝土的重塑时间,避免形成冷缝。

④严格控制浇筑入模混凝土坍落度,以免因水胶比波动过大导致混凝土在振捣及自重作用下产生泌水。当混凝土浇筑面出现泌水时,应立即加强混凝土水胶比控制,并采取真空吸水、海绵或土工布吸水等措施进行处理。

(6)混凝土养护

①管节混凝土浇筑完毕后即进入养护阶段,采取保温、保湿措施对管节进行养护。

②管节混凝土养护期间应保证混凝土温度控制指标满足要求,并保持混凝土表面处于潮湿状态,混凝土潮湿养护时间应不低于 15d。

③养护过程应监测混凝土内部以及养护环境温度变化,混凝土内部温度达到最高值之后方可拆除模板。

④管节可设置养护棚罩,通过在养护棚罩内部喷淋水雾控制养护环境温湿度的方式进行养护。也可采取蓄水、包裹潮湿土工布及塑料薄膜、喷涂养护剂等措施进行养护。

⑤完成早期养护的管节,还应根据外界天气情况的变化采取相应保护措施,高温季节或大风天气可采取覆盖、包裹土工布保湿,低温季节或气温突降天气可覆盖保温材料保温。

(7)温度应变监测

①传感器及数据采集设备需保证其有效性、可靠性和准确性。

②传感器布置不能干扰现场作业,并能及时将数据反馈以指导管节养护施工。测试传感器及数据采集系统必须适应管节预制施工要求,必须具有良好的抗冲击、防水性能,防止混凝土浇筑、养护等对其工作状态产生不良影响。

③温度传感器需满足如下工作参数:灵敏度 $0.25^\circ C$,精度 $\pm 0.5^\circ C$,测量范围:$-30 \sim 150^\circ C$。

④应变传感器需满足如下工作参数:量程,$\pm 1500\mu\xi$;灵敏度,$1\mu\xi$;使用环境温度,$-10 \sim +100^\circ C$。

⑤在管节内部温度最高、温度变化最快、温差最大及应力最集中的位置埋设温度、应变传感器,监测沉管管节内部的实际温度、应力分布及其变化情况。

⑥在管节内腔、外壁设置温度传感器,检测养护环境温度变化情况。

【条文说明】

(1)管节混凝土施工阶段的温度控制指标主要包括浇筑温度、内外温差、表面与环境温差、表面与养护水温差、内部最高温度、降温速率 6 个指标。管节混凝土结构通过温度-收缩应力有限元仿真分析,在确保抗裂安全系数大于1.4的基础上,结合国内外工程经验,提出了相应的控制指标。

(2)原材料温度对于混凝土浇筑温度具有重要影响,采取适当措施尽量降低搅拌前原材料温度对于控制浇筑温度具有重要作用。

(3)混凝土浇筑温度对于内表温差、降温速率、内部最高温度、表面与环境温差等温度指标具有决定性影响,需要严格控制管节混凝土浇筑温度。

①利用低温时段浇筑混凝土能明显降低混凝土浇筑温度,工程经验表明夏季夜间施工混凝土浇筑温度普遍比白天低2~3℃。

②利用低温的地下水、制冷水或冰水替代常温水拌制混凝土,拌和水温度每降低10℃,混凝土浇筑温度可降低约1.5℃。

③冰融化为相同温度的水,需要吸收335kJ/kg的热量,对于降低混凝土的浇筑温度具有显著效果。利用碎冰替代部分拌和水拌制混凝土,是控制管节混凝土浇筑温度最有效的技术措施,碎冰在混凝土中的用量每增加10kg/m³,混凝土浇筑温度可降低约1.4℃。为保证碎冰经搅拌并输送至浇筑现场后,碎冰能完全融化,碎冰厚度不超过3mm,且碎冰替代拌和水的最大数量一般不超过60kg/m³。

④冷集料、水冷集料、液氮冷却混凝土等降温措施也可以有效降低混凝土浇筑温度,不过使用成本相对较高,必要时可采取这些技术措施控制浇筑温度。

⑤混凝土在运输浇筑过程中,受环境以及摩擦生热影响,混凝土温度会逐渐升高,提高混凝土浇筑能力,缩短浇筑时间和运输时间,减少转运次数,可以减少混凝土在运输浇筑过程中的冷量损失,控制混凝土浇筑温度。

⑥对混凝土运输设备进行遮阳、隔热、降温,可以降低混凝土在运输浇筑过程中的冷量损失,高温天气在浇筑仓面喷雾可以降低浇筑环境温度。

⑦埋设水管通入冷却水对管节内部进行降温是控制混凝土最高温度的有效技术措施,根据冷却水管径、管距、管长、水温以及流速等因素对冷却效果影响的计算,冷却水管宜采用内径为25~50mm的金属或塑料水管,水管间距宜为0.5~1.5m,管内冷水流速不宜小于0.6m/s,冷却水的温度与混凝土内部温度之差不宜超过25℃。

(4)管节混凝土生产与运输过程中,通过各种手段加强混凝土组成成分控制,是确保入模混凝土性能满足设计指标要求的前提条件。

(5)当管节属于大断面钢筋混凝土结构时,为保证分层振捣均匀,在混凝土浇过程中将允许分层浇筑振捣厚度不超过30cm。泌水使混凝土表面的水灰比增大,在混凝土内留下泌水通道,产生大量自底部向顶层发展的毛细管通道网,这些通道会减弱混凝土的抗渗透能力,致使盐溶液和水分以及有害物质容易进入混凝土中。混凝土泌水由原材料、配合比、施工振捣多种原因造成,无论什么原因引起泌水,当浇筑的仓面内出现肉眼可见积水时,必须及时排除。

(6)保温保湿养护是混凝土施工的关键环节,保温养护的主要目的是通过减少混凝土表面的热扩散,从而降低大体积混凝土内表温差,而保湿养护可降低混凝土的干燥收缩。

(7)管节预制施工时,在混凝土浇筑完成后,合适养护是防止混凝土开裂的重要技术手段。养护措施得当与否、措施调整是否及时有效,直接决定了管节混凝土表面裂缝、深层裂缝及贯穿性裂缝出现及发展情况,为在最适当的时机调整养护措施,需要在温度及应变监测数据指导下进行,以便及时调整及时措施。因此,在管节混凝养护过程中,需在内部温度最高、温度变化最快、温差最大及应力最集中的位置埋设温度、应变传感器,监测管节内部的实际温度、应力分布及其变化情况,指导施工养护控制措施。按照本款规定进行传感器埋设,可满足监测沉管管节内部温度最高、温度变化最快、温差最大、应力最集中的位置温度、应力规律以及养护环境温度、湿度变化规律的需求。

17.5 管节混凝土配合比设计

17.5.1 基本原则

(1)管节混凝土配合比设计时应在满足强度和耐久性要求的条件下,尽可能提高混凝土体积稳定性指标。

(2)在满足混凝土强度、工作性、耐久性要求的前提下,应最大限度减少胶凝材料单位发热量和胶凝材料用量,提高混凝土体积稳定性。

(3)降低胶凝材料单位发热量时,应尽可能降低硅酸盐水泥用量,使用大掺量符合条件的粉煤灰、矿粉等矿物掺和料。

(4)宜通过使用级配、粒形良好的集料来降低混凝土中浆体比率、提高混凝土的体积稳定性。

(5)配合比应保证混凝土工作性能、力学性能、耐久性能、抗裂性能均衡发展。

(6)通过掺入与胶凝材料匹配的优质高效缓凝型减水剂来降低混凝土升温速率及混凝土中的拌和水量,通过适量引气来提高混凝土施工性能及体积稳定性。

【条文说明】本条提出了管节混凝土配合比设计应该遵循的原则:提高管节混凝土体积稳定性,在相同的温度时间梯度及空间梯度上的收缩量较小,在相同龄期内随着混凝土硬化而产生的收缩也较小,混凝土结构开裂风险更低。在满足混凝土强度、工作性、耐久性要求的前提下,尽量降低混凝土中胶凝材料用量及水泥用量,可以最大限度降低混凝土的水化放热及收缩,有利于提高混凝土抗裂性能。

17.5.2 混凝土原材料

(1)应选择质量稳定并有利于提高混凝土防渗抗裂性能的原材料。

(2)水泥采用强度等级不低于42.5级的中低热硅酸盐水泥、普通硅酸盐水泥,水泥质量符合国家标准《硅酸盐水泥、普通硅酸盐水泥》(GB 175)的规定,水泥的C3A含量宜不大于8%,比表面积宜控制在300~400m²/kg范围。

(3)粉煤灰应采用满足《用于水泥和混凝土中的粉煤灰》(GB 1596)要求的Ⅰ级或Ⅱ粉煤灰,海洋腐蚀环境应采用Ⅰ级粉煤灰或需水量比不大于100%的Ⅱ级粉煤灰。

(4)矿粉采用比表面控制在400~500m²/kg范围,28d活性不低于95%且满足《用于水泥和混凝土中的粒化高炉矿渣粉》(GB/T 18046)要求的磨细粒化高炉矿渣粉。

(5)碎石采用最大粒径不宜超过25mm的连续级配无碱活性碎石,其松散堆积孔隙率不大于43%,针片状颗粒含量不大于7%,压碎值指标不大于10%,其他指标应满足《建设用碎石卵石》(GB/T 14685)中Ⅰ或Ⅱ类碎石要求。

(6)砂采用级配稳定无碱活性中砂,其含泥量不大于2.0%,泥块含量不大于0.5%,氯离子含量不大于0.02%,其他指标满足《建设用碎石卵石》(GB/T 14685)中Ⅰ类或Ⅱ砂要求。

(7)减水剂采用缓凝型高性能减水剂,掺减水剂混凝土的28d收缩率比应不大于100%,冻融地区混凝土含气量宜为4%~6%。

(8)应采用满足《混凝土用水标准》(JGJ 63)规定的饮用水拌和及养护混凝土要求。

【条文说明】本条提出了原材料选择应遵循的基本要求:

(1)选择开裂敏感性、体积稳定性高的原材料配制混凝土,有利于提高混凝土结构抗裂性能。

(2)C3A是水泥熟料中放热速率最大的矿物成分,其收缩率也明显大于C3S与C2S,限制水泥熟料中的C3A成分有利于提高混凝土的抗裂性能。水泥磨细后细颗粒增多,过大的水泥比表面会加快水泥的水化速率,增加水泥的早期水化热,增大混凝土干缩,但比表面积过小,不利于混凝土强度发展。通过广泛调研水泥比表面积与强度、水化热关系,建议在管节混凝土中,水泥比表面积控制在300~400m²/kg范围比较合适。

(3)粉煤灰可分为Ⅰ级、Ⅱ级和Ⅲ级,其品质对混凝土性能具有重要影响。Ⅲ级粉煤灰细度偏大、含碳量过高,造成混凝土需水量大、坍落度损失加快,不利于大体积混凝土施工;同时会影响混凝土抗渗、抗裂等耐久性能。在生产工艺上,粉煤灰有原状灰及磨细灰两种,原状灰由烟道气体收集、并经风选而成,粉煤灰微观形态未受破坏,比磨细灰配制的混凝土具有更好的工作性和耐久性。而磨细灰大多由品质较低的原状灰通过粉磨而成,粉煤灰的细度、微观形态发生了一定变化,并且在粉煤灰过程中会掺入一定量的助磨剂,这均对混凝土性能具有不利影响。所以,本条规定配制管节混凝土时,宜选用Ⅰ级或Ⅱ级原状粉煤灰。

(4)粒化高炉矿渣粉可分为S105、S95和S75三个等级,《用于水泥和混凝土中的粒化高炉矿渣粉》(GB/T 18046)要求三个等级的粒化高炉矿渣粉的比表面积均应大于350m²/kg。《水运工程混凝土施工规范》(JTS 202)中规定粒化高炉矿渣粉的比表面积均应大于400m²/kg。大量的研究资料表明:粒化高炉矿渣粉越细,活性越高;在一定掺量范围内,高细度的粒化高炉矿渣混凝土的水化温升随矿渣的掺量的增加而增大。S105矿粉活性太高,不利于混凝土抗裂;S75矿粉活性太低,不利于早期强度及耐久性发展。从大体积混凝土温控、减少混凝土收缩开裂以及保证混凝土强度、耐久性发展的角度考虑,粒化高炉矿渣粉的比表面积控制在400~500m²/kg,28d活性指数应不低于95%。

(5)《建设用碎石卵石》(GB/T 14685)有Ⅰ、Ⅱ以及Ⅲ三类碎石,其中Ⅲ类碎石的含泥量、泥块含量、针片状含量、有害物质、坚固性、压碎指标、空隙率以及吸水率等指标均明细差于Ⅰ、Ⅱ类碎石,这些指标对混凝土工作性能、力学性能、耐久性能以及抗裂性能均具有重要影响。管节是沉管隧道重要的永久性结构,在混凝土配制中尽量使用有利于提高混凝土性能的Ⅰ、Ⅱ类碎石。管节属于密集配筋的混凝土结构,为保证混凝土流动性,不宜使用最大粒径超过25mm的碎石。

级配良好的碎石具有更低的紧密堆积空隙率,可降低混凝土中胶凝材料浆体所占体积比率,有利于提高混凝土抗裂性能。因此,通过广泛的原材料调研,在现有工艺可以生产出来并在成本上不会太昂贵的碎石,其最大松散堆积空隙率不超过43%。

碱活性碎石配制管节混凝土,在水下环境中易发生碱集料反应引起混凝土开裂,因此需要严格限制碎石的碱活性。

(6)当河砂偏细时,相同坍落度混凝土的需水量增加;当河砂偏粗时,混凝土黏聚性、包裹性较差,因此在管节混凝土中推荐使用中砂。河砂含泥量偏大,会造成初始坍落度降低、坍落度损失加大、增加裂缝、降低混凝土强度等问题,为保证管节混凝土性能,必须按严格要求限定含泥量不超过2.0%。

《建设用砂》(GB/T 14684)有Ⅰ、Ⅱ以及Ⅲ三类碎石,其中Ⅲ类碎石的含泥量、泥块含量、有害物质等指标均明显差于Ⅰ、Ⅱ类碎石,这些指标对混凝土工作性能、力学性能、耐久性能以及抗裂性能均具有重要影响。管节是重要的永久性结构,在混凝土配制中尽量使用有利于提高混凝土性能的Ⅰ、Ⅱ类河砂。

(7)缓凝型减水剂主要对水泥水化起抑制作用,从而推迟水泥的水化放热,降低混凝土早期水化热,有利于管节混凝土控裂。本条规定掺外加剂混凝土的28d收缩率比不大于100%。引气混凝土抗冻性能与含气量直接相关,对于碎石最大粒径不超过25mm混凝土,为确保混凝土强度及抗冻性能,混凝土含气量宜为4%~6%。

(8)水是混凝土的重要组成部分,水的酸碱度、各种离子含量都可能会影响到混凝土最终的性能。因此,混凝土拌和、养护用水必须符合现行规范规定。

17.5.3 混凝土配制

(1) 配合比应经过试验、试配、调整后选择低开裂敏感性的混凝土配合比。

(2) 应考虑不同季节气温的影响,高温季节应尽量降低混凝土水化热温升,低温季节应满足早期拆模强度要求。

(3) 采用大掺量矿物掺和料的胶凝材料体系配制混凝土,单掺、混掺矿物掺和料的适宜掺量范围应满足表17.5.3的规定。

表17.5.3 管节混凝土矿物掺和料组成

矿物掺和料种类	占胶凝材料质量百分比(%)
单掺粉煤灰	30~50
单掺磨细粒化高炉矿渣粉	30~70
混掺粉煤灰与磨细粒化高炉矿渣粉	50~70

(4) 宜根据混凝土耐久性指标、抗渗等级、强度等级、坍落度等因素确定胶凝材料用量以及水胶比,胶凝材料用量宜控制在 $320\sim450\text{kg/m}^3$,混凝土水胶比宜控制在 $0.32\sim0.45$ 范围。

(5) 通过不同表观密度原材料选择、混凝土水胶比与含气量调整,配制混凝土的重度与设计重度之差不应超过 1.5%。

(6) 应根据管节施工工艺,尽量选择坍落度较小的混凝土,采用皮带机输送工艺混凝土坍落度宜控制在 160~200mm 范围,泵送工艺混凝土坍落度宜控制在 180~220mm 范围。

(7) 对于选定的管节配合比,还应进行胶凝材料水化热、抗压强度、劈裂抗拉强度、弹性模量等试验,确定其与抗裂性相关性能的变化规律。

(8) 混凝土抗裂性能可利用抗裂安全系数进行评价,混凝土的抗裂安全系数不应小于1.4。

【条文说明】 本条提出了管节混凝土配合比组成及相关性能的要求:为了提高混凝土耐久性、降低混凝土的水化热,通常在混凝土中单独掺入或混合掺入大量的粉煤灰与矿粉。但粉煤灰与矿粉的掺量并非越高越好,其原因在于:一是粉煤灰与矿粉的掺量越高,混凝土抗拉强度越低,而且混凝土早龄期的抗压强度也较低,不利于施工周转;二是粉煤灰与矿粉掺量越高,混凝土碱度越低,影响粉煤灰与矿粉碱激发效果,导致混凝土密实性降低,对混凝土耐久性及强度产生不利影响;三是粉煤灰掺量过高,混凝土容易产生浮浆,黏聚性降低,而矿粉掺量过大,混凝土容易抓底、板结,不易输送,其会增大混凝土收缩。通过对不同矿物掺和料体系、不同矿物掺和料用量混凝土工作性、强度、耐久性、收缩、绝热温升的综合研究,确定了配制管节混凝土,单掺、混掺矿物掺和料的适宜掺量范围,胶凝材料用量以及水胶比等。

管节安装由起浮、横移、出运、沉放、水下对接等施工工序组成,管节混凝土重度直接决定了管节浮运过程中的干舷高度和水平总阻力,对沉管施工工艺、进度及成本控制具有重要影响，其重度不应超过设计偏差。

在满足施工要求的条件下，选择较小的坍落度，可降低混凝土中浆体比率，增加集料用量，有利于提高混凝土的抗裂性能。

管节混凝土结构，结合国内外工程经验，通过温度-收缩应力有限元仿真分析技术，抗裂安全系数大于1.4时能有效控制温度收缩裂缝的产生。

18 管节坞内移动、出坞及寄放

18.1 一般规定

18.1.1 坞内注水前,应确认管节结构和辅助安装设施的制作安装质量满足设计、施工要求。

【条文说明】管节预制出现的缺陷须在预制阶段修复完毕,修复的结构应满足设计、施工要求,例如混凝土质量、端钢壳和管顶舾装预埋件安装等。

18.1.2 管节注水前,应校核管节重量、注水的水重度及管节的干舷高度、起浮水位。

【条文说明】管节起浮前,应对管节的干舷高度进行计算校核,对管节起浮后的姿态做出预判。

18.1.3 管节出坞前,应对出坞、寄放作业水域的潮位、水流进行不少于连续 30d 的 24h 不间断实测,以掌握作业区域的水位和水流相关规律,并校核起浮、出坞作业的潮水水位。管节起浮、出坞及漂浮寄放期间的富裕水深不宜小于 0.5m。

【条文说明】由于海水重度可能的变化,入海口附近重度变化更为显著,受波浪影响,管节在浮运或漂浮寄放过程中存在升沉运动,从而使管节的吃水深度不可避免地产生变化,因此要考虑管节浮运或寄放时的富裕水深。根据施工经验,水深富裕值宜取不小于 0.5m。

18.1.4 出坞、浮运航道宜先用多波束扫床。发现浅点并采取措施处理后,应再采用硬扫床方式进行最终验收。

18.1.5 管节的寄放可根据环境条件选择漂浮和坐底方式,寄放期间应采取标示警示牌、设置警戒船及巡查人员等措施确保管节的安全。

18.1.6 管节出坞及寄放施工的检验应符合相应的施工及质量验收标准。

18.2 管节一次舾装及试漏

18.2.1 管外舾装一般包括 GINA 橡胶止水带、吊点、系缆柱、导缆孔、钢封门、GINA 橡胶止水带保护装置、压(灌)砂口须安装保护盖(后铺法)、钢封门上鼻托梁或端部顶面导向梁(或槽)、导向架(梁)等的安装。

18.2.2 管节内部舾装包括压载水箱、进气管和进排水管路系统、管内临时照明系统、管内临时通风系统、管内监控系统、水泵控制系统等。

18.2.3 压载系统

(1)压载水箱设计应考虑可重复使用的要求。水箱宜采用钢材或可重复利用的材料;结构形式宜采用组合式,以方便拆装及运输,并考虑与管内的交叉作业影响。

(2)管节的压载水箱最大注水量应按管节的抗浮力系数1.05配置,重要工程的管节抗浮力系数可取1.06。

(3)应对压载水箱的压载能力进行校核。考虑管节最大纵坡后,压载水箱的富裕高度应不少于0.5m。

(4)压载水泵及其管路就位连接安装后,应采用可靠的措施对其进行固定。

(5)应在压载水箱便于观察的位置上,设置水位标尺。

(6)压载水箱内的进排水管口方向宜设置为与管节底板垂直方式,水管管口与底板的距离不宜大于水管管径的2/3。

(7)主进水管路布置应满足从管节两端均能对压载水箱注水或排水的要求;管径取值应确保水箱3h内注水量满足不少于1.02的抗浮安全系数的要求;管节内空间较小时,在水箱上面设置工作通道,主进排水管路可布置于工作通道上;管节内空间较大时,主进排水管可布置于通道的水箱旁侧。

(8)每个压载水箱应均独立布置分支进排水管,分支管的管径根据压载水箱的容量确定,一般可取直径100~300mm。

(9)水泵可布置于钢封门附近,宜一用一备;额定流量宜按30min将管节接头间的水排出为条件确定;管内电器应满足防水、耐高温要求。

(10)阀门的设置应具备通过操作阀门能独立对某一特定水箱进行注水或排水的功能,宜选择操作便利的闸阀。

(11)压载系统制作安装完成后,应对水泵进行试运转,对管路、水箱进行全面的水密试验。

【条文说明】管内水泵的选型主要考虑管内的最大压载量、管内所处的潮湿环境等因素。

18.2.4 端封门

(1)端封门的安装顺序应先安装顶板牛腿,再安装封门钢梁,然后再分块拼装焊接封门钢板。

(2)采用钢结构形式的端封门时,应采取有效措施避免端封门与端面预埋件焊接过程所产生的高温对混凝土结构的影响,防止开裂。

(3) 应对封门钢板焊缝进行水密性试验。

(4) 底板枕梁与封门钢梁的间隙、顶板牛腿与钢梁间隙采用楔形钢板填充时，应采用焊接固定。

(5) 采用混凝土结构的封门时，封门浇筑后，应对封门四周进行灌浆防水预处理。

(6) 安装端封门的水密门前，应对水密门做水密试验，水压力宜按管节最大设计水深的1.25倍计。

(7) 采用装配式结构的钢封门，表面平整度允许偏差可取为3mm。

18.2.5 GINA橡胶止水带

(1) GINA橡胶止水带宜整条在生产厂家定制，加工、运输、存放过程中严禁折叠、拉伸、损伤GINA橡胶止水带。严禁火、油靠近或长时间在阳光下暴晒；安装前宜在25°C以下的阴凉环境下储存，避免与铜、镁等金属接触。

(2) 对于中腔式结构的端钢壳，宜先进行端钢壳注浆施工，完成后再安装GINA橡胶止水带。

(3) 应对端钢壳的GINA橡胶止水带安装面进行全面的打磨处理，不允许存在焊渣、尖锐焊缝。

(4) 应采用专用吊具安装GINA橡胶止水带。吊索宜采用丙纶类的软性吊带，吊索间距宜控制在1.5m以内，吊索与GINA橡胶止水带的连接部位宜采用木制保护罩，GINA橡胶止水带的上层与下层可用麻绳连接，如图18.2.5所示。

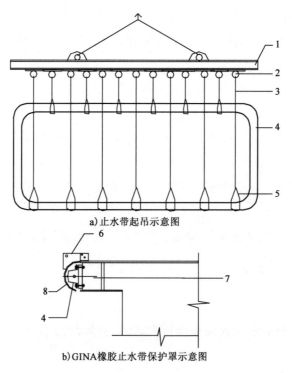

a) 止水带起吊示意图

b) GINA橡胶止水带保护罩示意图

图18.2.5 GINA橡胶止水带连接与安装示意图

1-吊具；2-葫芦；3-尼龙吊缆；4-GINA橡胶止水带；5-尼龙吊带；6-加强板；7-端钢壳；8-弧形保护罩

（5）GINA 橡胶止水带安装时，宜在端钢壳的安装面及 GINA 橡胶止水带的特征位置上做好标识。宜先安装顶部，顶部由两端往中部安装；再安装下部，下部由两端往中部安装；最后安装侧墙处，由上、下转角往中部安装。

（6）GINA 橡胶止水带安装螺栓的拧紧力矩宜达到止水带安装容许值。

（7）GINA 橡胶止水带安装完成后，应在止水带顶部加装一个简易保护罩，管节沉放前应拆除。

（8）在安装过程中，应做好保护 GINA 橡胶止水带鼻尖的措施。

18.2.6 管节沉放安装后的人孔顶面高程宜为 20 年一遇的高水位加施工期最大波高，并考虑 50cm 的富裕高度。

18.2.7 管节水密性检验

（1）管内水密性检验项目包括临时照明系统、水泵、管路阀门、水密门、水位标尺等。

（2）水密性检验前，应关闭水密门及管内阀门。宜采用木塞封闭管外的进气管口、抽接头水的管口，用法兰盲板水密封闭钢封门的电缆通孔口。

（3）在干坞注水过程中，应检查管内的漏水情况。发现漏点时，应视漏水情况决定是否停止注水或排水，对漏点进行封堵处理。

（4）侧墙、底板、顶板的试漏水位应满足设计要求。当无设计要求时，底板可按 3m，侧墙可按至顶板的下转角位，顶板可按淹没顶板 0.5m 水位计。

（5）应对端封门型钢焊缝处、封门型钢与混凝土连接处等位置的密封质量加强监测。当出现漏点时，不同部位应采取相应的堵漏技术措施。

（6）在管节试漏前和管节对接后均应进行管节接头密封性检验。管节试漏前应检验 GINA 橡胶止水带、OMEGA 橡胶止水带的质量，检查止水带安装的准确性和牢固性；在管节对接后，检查 GINA 橡胶止水带压缩量、OMEGA 橡胶止水带的紧固螺栓预紧力是否满足设计要求。

18.3 管节起浮、坞内平移

18.3.1 管节起浮

（1）干坞注水设备能力可按 48h 内注水量能达到干坞的平均高潮水位线进行配置。

（2）坞内水位应达到起浮要求。

（3）管节起浮前应先系好缆绳。

（4）管节起浮施工应安排测量员对管节的位置情况进行监控。

（5）管节的压载水箱排水应均衡进行。

（6）管节起浮后，应对管节的干舷进行测量，同时记录管内水箱的积水以及测定管节起浮区域的水重度。

18.3.2 管节坞内移动

(1)管节在坞内移动宜采用绞车(卷扬机)绞移的方式进行。
(2)绞车的布置原则应有利于对管节平面各个方向运动的控制。
(3)管节在坞内移动的速度宜控制在 0.1m/s 以下。

18.4 管节出坞

18.4.1 坞门开启前,应检查坞门周围区域的回淤情况。回淤厚度超过 0.5m 时,应进行清淤。

18.4.2 当开启后的坞门寄放于坞口附近时,应采取合理的系泊措施,避免影响管节的出坞作业。

18.4.3 干坞为围堰式结构时,拆除围堰过程中围堰内水位与外水位差应小于 0.5m。

18.4.4 应评估围堰拆除施工对坞内管节结构的影响,并根据评估结果采取相应的保护措施。

18.4.5 宜选择高平潮的时间段进行管节出坞,水流速宜小于 0.3m/s。管节出坞时,宜在坞口外特征位置设置水流流速观测点。

18.4.6 管节出坞绞车的配置宜按计算绞拉力的 1.5 倍进行配置,并配置管节的溜尾绞车。宜采用液压绞车,控制管节出坞速度在 0.1m/s 以下。

18.5 管节寄放

18.5.1 坞内寄放
(1)采用坞内漂浮形式寄放管节时,管节的系泊方式宜用多点系泊,系泊点不少于 4 个。受潮差影响时,系泊缆的系泊长度应适应潮差变化。
(2)在坞内长时间寄放管节,系泊缆宜采用强缆,破断力安全系数应不小于 4.5 倍。
(3)采用坞内坐底寄放管节时,管节的压载抗浮系数应大于 1.05。

18.5.2 坞外寄放
(1)采用漂浮方式寄放时,宜采用多点系泊的方式。
(2)在开敞水域寄放管节时,如寄放区水域较大、水深较深且离航道较远、附近区域较少有船舶活动,可采用单点系泊方式。
(3)系泊点可采用重力式锚块、系船柱等,系泊系统的配置应经计算校核满足设计要求。
(4)采用坐底方式寄放时,应对基床进行整平等处理,并满足管节起浮和基床承载力的要求。

（5）管节在寄放期间,应在管节上设置标示警示牌,安排人员对管节进行日常巡查、做好记录。

（6）寄放区周边区域应设置警示标志,防止船舶驶入。

【条文说明】管节寄放的区域应尽量选择往来船只少的水域,并应采取有效措施(系泊、守护、警戒等方面)确保管节在寄放期间的安全。

19 管节浮运

19.1 一般规定

19.1.1 管节浮运

(1)管节浮运周期应根据沉放区和寄放区的距离、浮运路线上的潮汐情况、浮运作业窗口、工期要求等确定。

(2)浮运路线应根据施工区现有航道的位置、水深、锚地情况、管节尺寸和吃水等情况确定。

19.1.2 管节浮运作业窗口

(1)管节浮运作业气象窗口宜安排在白天时段,并与管节沉放作业一并考虑。

(2)浮运作业窗口应考虑窗口时长要求、水文气象作业限制条件、施工区域水文气象的长期和短期预报数据等因素,可采用作业窗口预报系统确定。

【条文说明】管节浮运作业窗口预报系统通过接收和分析施工海域的水文、气象的实时监测数据,并对比满足作业的水文、气象限制条件,选取满足作业周期的时间段。

19.1.3 管节浮运作业的水文、气象限制条件应综合考虑管节稳性及缆绳张力、船机设备配置等因素,可结合物理模型试验或理论分析等手段进行确定,并应满足以下条件:

(1)管节浮运时水流速度不宜大于1.0m/s。

(2)管节浮运时最大有效波高不宜大于0.6m。

(3)管节浮运不应选择在大雨、大雾、雷暴等恶劣天气下进行,能见度不小于1 000m,风力不大于6级,阵风速度不大于10m/s。

【条文说明】本条参考《重力式码头设计与施工规范》(JTS 167-2)沉箱浮运施工条件,根据国内外管节隧道施工的调查情况综合确定。

19.2 浮运准备

19.2.1 管节浮运阻力、稳性及操纵性分析

(1)管节浮运阻力主要包括水阻力、波浪力和风阻力,宜根据物模试验和数模分析结果确

定,具体试验方案可参考附录F。

（2）施工作业海况复杂时,宜先进行管节浮运专项物理模型试验,分析管节浮运阻力、稳定性及操纵性。

（3）管节稳性分析应考虑浮运过程中沉放驳及压载水的影响。

（4）管节操纵性分析应包括管节启动、制动的距离和时长及转弯半径等的确定。

【条文说明】 参照已建沉管隧道工程,对于施工环境复杂且规模较大的沉管隧道管节施工,一般要求开展相应的专项模型试验。浮运试验可利用波浪水池或拖曳水池,参照《波浪模型试验规程》(JTJ/T 234)模型长度比尺不大于1∶80;管节模型的几何尺度、重心位置和质量允许偏差应满足相关要求;波浪与水流模拟应满足重力相似准则。

对于施工环境复杂且规模较大的沉管隧道,首先应根据各种边界条件进行管节浮运的数值模拟,分析浮运过程中管节的受力特性、运动响应、稳定性,以及相关参数的敏感性等;然后选取合适的缩尺模型,进行管节浮运物理模型试验,以确定水阻力系数等关键参数,并验证数值模拟结果的准确性;最后在管节浮运前,应进行管节试拖,以验证数值模拟和物理模型试验结果的准确性和可靠性,并根据试拖结果,对管节浮运方案和工艺参数进行优化调整。

19.2.2　拖轮、绞车、沉放驳等主要船机设备应准备就绪,船机设备的性能参数应满足施工要求,沉管上设置警示标志、警示灯。

19.2.3　当航道检测不满足水深要求时,应进行清淤疏浚工作。

19.2.4　应制订详细的航道管制、警戒船布设方案和具体的封航措施,并报送港务、港监、海事、航管等部门有关部门批准,必要时可采用直升机等设备进行空中监控。

19.2.5　浮运距离长、海况复杂时,宜进行浮运前演练,测试浮运导航软件,检查通信、指挥和控制系统的有效性。

19.3　管节二次舾装

19.3.1　管节二次舾装包括管顶舾装件安装、沉放驳连接及调试、轴线调整系统、测量塔与人孔、导向装置与拉合装置、测量仪器设备的安装标定,以及设备安装后的自动控制、系统联动调试等内容。

19.3.2　管节舾装位置与舾装方式的选择

（1）管节在坞内寄放时,对预制管节在深水坞位置进行二次舾装,二次舾装可采用塔吊、龙门吊或起重船等配合进行。

（2）管节在坞外寄放时，在寄放锚地、管节沉放区或专用码头进行二次舾装，舾装宜采用起重船进行；根据船机配置，舾装设备进行受力稳性分析计算，选择合适的施工作业窗口，施工区域应配备警戒船，必要时进行航道封航。

【条文说明】当管节采用坞内寄放时，坞内水域面积通常较小，采用起重船进行二次舾装操作难度较大。考虑到坞墙顶部布置有作业用的塔吊或龙门吊，为了充分利用坞墙起重设备，增加二次舾装的可操作性，因此可优先采用塔吊或龙门吊进行舾装。

19.3.3 沉放驳与轴线调整系统安装

（1）管节采用骑吊法沉放时，沉放驳宜采用起重船或有吊力的驳船进行辅助安装，安装区域应能满足施工船的作业要求。

（2）管节采用抬吊法沉放，沉放驳具有自航能力时，沉放驳自航至管节吊点位置进行安装；不具有自航能力时，可采用绞车、拖轮等辅助拖曳设备进行安装。

（3）沉放驳安装前，应进行管节整体稳定性分析，分析安装过程对管节稳性、干舷的影响。

（4）管节轴线调整设备的舾装应与沉放驳综合考虑。

【条文说明】舾装前轴线调整设备应在寄放保养区进行整体组装，组装完成后采用起重船或塔吊移至管节端部固定。沉放驳移至定位系统上方后，垂直提升吊码与轴线调整系统的吊点通过销栓连接。绞移沉放驳和轴线调整设备至管节吊点位置，完成轴线调整设备与管节的连接。也可以在沉管上安装导向装置对轴线进行逐步限制，最终锁定对接偏差。

19.3.4 测量塔和人孔安装

（1）测量塔和人孔应具备足够的刚度，安装前对测量塔和人孔的安装变形进行复核。

（2）测量塔或人孔分节安装时，各节搭接长度和连接方式应满足相关规范的要求，各分节位置宜设安装平台。

19.3.5 导向杆和拉合装置安装

（1）导向杆、导向架装置安装前，应根据已沉管节的轴线偏移量进行轴线调整，并在预埋件上画出中心轴线，安装时导向杆、导向架装置的中线应与预埋件中心轴线对准。轴线调整原则上不采用错牙调整。

（2）导向装置宜用螺母锚固，螺母收紧时注意初控和终控的顺序，防止出现漏控情况，每个螺栓受力应严格按设计要求进行。

（3）拉合装置应在管节浮运到位后进行安装，若不影响拖航，也可以提前安装。安装可采用锚艇或起重船协助进行；安装完毕后，应立即进行初步调试。

19.3.6 测量设备安装

(1)全站仪棱镜和 GPS 接收机安装完成后应进行标定测量。

(2)姿态仪的安装位置应根据仪器保护和防水性能要求来确定。安装在管节内部时,可通过人孔或临时通道安装在管节底板中轴线上。安装在管节外部时,可安装在管节顶面中轴线上,并做好防水。

(3)机械拉线定位测量系统应在管节沉放系泊完成后安装,拉线单元和距离传感器的安装由潜水员水下进行。

(4)声呐定位测量系统换能器的安装宜分步进行,已沉管节的声呐换能器由潜水员水下安装,在待沉管节沉放前安装完毕。待沉管节的声呐换能器在管节沉放系泊完成后在管面直接安装。

19.3.7 控制系统线路

(1)管节舾装完成后,应在舾装区将控制系统线路与其连接。宜采用柔性电缆,并通过沉放驳固定卷筒进行收放。

(2)控制系统电缆穿越钢封门处,应根据管节承受的水压力情况采取安全的防渗水措施或者水下接头。

19.4 管节浮运专项方案

19.4.1 管节浮运专项方案应根据地形、水文气象环境、浮运距离、航道条件、管节尺度等特性综合选择。

(1)管节浮运距离较大时,应采用拖航方式进行管节浮运。

(2)管节浮运距离较小,且横向水流力较大时,可采用岸控绞车为主、拖轮为辅的顶推方法进行管节浮运。

(3)坞内寄放时,出坞可采用岸控绞车进行管节浮运;绞车不能设置在岸上时,可将绞车置于锚泊的方驳上。

(4)干舷高度的确定应综合考虑沉放方法、沉放驳与管节的整体稳定性等因素。仅在内河中浮运时,管节干舷值通常可取 5~15cm;外海环境下浮运时,管节干舷高度通常可取 30~50cm。

【条文说明】结合国内外成功的工程经验,管节二次舾装完成后其干舷高度的选取受浮运水域的水文、气象条件、水密度变化程度、航道水深等因素影响。我国以往内河沉管隧道管节干舷值通常在 5~15cm,如广州洲头咀和仑头—生物岛隧道管节干舷在 5~10cm,上海外环隧道管节干舷在 10~15cm;国外的跨海沉管隧道管节的干舷值多在 30~50cm。

19.4.2 采用拖轮进行管节浮运时,可采用三拖轮浮运、四拖轮浮运和五拖轮浮运等。

(1)管节前进方向与水流方向基本一致或管节承受的横向水流力较小时,可采用三拖轮浮运方案,如图 19.4.2-1 所示。

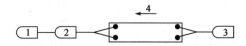

图 19.4.2-1　管节三拖轮浮运示意图

1-拖航拖轮 1;2-拖航拖轮 2;3-拖航制动拖轮;4-管节前进方向

(2)管节承受横向水流力较大时,可采用四拖轮浮运方案,如图 19.4.2-2 所示。

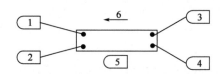

图 19.4.2-2　管节四拖轮浮运示意图

1-拖航拖轮 1;2-拖航拖轮 2;3-制动拖轮 1;4-制动拖轮 2;5-备用拖轮;6-管节前进方向

(3)管节基槽浮运距离较长且横向水流力较大,或经计算采用四拖轮方案所需拖轮功率较大时,宜采用五拖轮浮运方案,如图 19.4.2-3 所示。

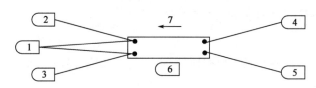

图 19.4.2-3　管节五拖轮浮运示意图

1-主拖轮;2-辅助拖轮 1;3-辅助拖轮 2;4-制动拖轮 1;5-制动拖轮 2;6-备用拖轮;7-管节前进方向

(4)拖航船舶的功率无法抵抗全部的拖航阻力时,或需要额外提供侧向拖带力时,可另外增设若干辅助拖轮,于侧向顶推管节。

【条文说明】复杂水域条件下,由于四船或五船浮运方案操作性良好、抵抗横向水流力性能良好,管节浮运应优先选取这两种方案。为应对浮运过程中可能出现的紧急情况,浮运过程中宜配置备用拖轮。

19.5　管节浮运作业

19.5.1　作业控制

(1)管节浮运时,应根据浮运施工作业窗口进行统一调度,确保施工决策人员可实时获得管节位置、受力以及气象水文等监测信息。

（2）管节浮运时,应调节压载水箱,使管节处于水平状态,干舷值处于合适范围。

（3）对于水文条件特殊或有特别制动要求,管节最小制动距离和最小制动时间宜通过物理模型试验或原型演练确定,试验应综合考虑制动力、水深条件、风浪参数等的影响。

（4）管节浮运速度应根据浮运船机功率和船机操作性综合确定,不宜小于0.5m/s,也不宜大于2.0m/s。采用岸控绞车进行浮运时,浮运速度不宜大于0.2m/s。

（5）浮运转弯水流速度不宜大于0.5m/s。

（6）管节浮运转弯控制应符合以下要求：

①实时监控管节位置,保证转弯时管节控制在航道内,防止管节偏航出现搁浅和碰撞。

②转弯半径应根据拖轮性能和航道情况综合确定,且不宜过小。

③转弯时,应加强管节姿态监控,防止管节倾覆。

【条文说明】 本条依据我国海上沉箱等的拖航经验和管节数模分析结果确定,当管节拖航速度小于0.5m/s时,船机设备的操控非常困难。水阻力与管节在水中的相对速度的平方成正比,当拖航速度过大时,拖轮功率急剧提高,因此结合我国海上拖航经验,综合确定管节拖航速度不宜大于2.0m/s。

19.5.2 船舶安全作业

（1）管节浮运时,应发布航行通告,要求所有过往高速船及大型船舶绕道航行,必要时进行临时封航。

（2）浮运过程中,设专人对浮运船队进行统一指挥,船队前方由海事部门安排海巡船清道引航,浮运警戒船在船队两侧警戒。

（3）施工船舶作业时,应按规定开启或悬挂信号灯。

（4）船舶夜间作业时,应设置满足施工要求的照明设备。

19.5.3 缆绳、卸扣及眼板配置

（1）当采用岸控绞车进行浮运时,缆绳宜采用钢丝缆；当采用拖轮进行管节浮运时,缆绳宜采用尼龙缆。

（2）拖轮浮运时,缆绳的长度应能消除螺旋桨效应,并满足最小制动距离的要求。一般情况下,拖带拖轮的缆绳长度不得小于120～150m。在内河水域受限时可取小值,其他情况应取大值。

（3）缆绳直径应根据材质和最小破断荷载确定。正常情况下,缆绳承受的负荷不应超过最小破断荷载的50%。

（4）拖力点、拖力眼板和缆桩的极限负荷能力不得小于所有拖缆破断力之和的1.3倍,应

急拖力点的强度不得小于主拖缆的破断强度。

(5)所有卸扣、环及连接设备的极限负荷能力不得小于拖缆最小破断强度的1.5倍。

【条文说明】本条主要引用船级社《海上拖航指南》(UD008)的相关要求。

20 基槽开挖与回填防护施工

20.1 一般规定

20.1.1 应按设计文件要求认真编制基槽开挖与回填施工组织设计,建立质量管理体系,科学合理组织施工,积极采用新技术、新设备、新工艺,提高经济效益。

20.1.2 应按审查后的施工图设计文件和批准的施工组织设计,对区域水文、地质、气象、施工设备能力等分析研究,选择合理可行的施工设备、施工方法和工作参数。

【条文说明】根据具体工程特点、自然条件、大宗材料供应情况、工期要求、船机安排以及类似工程的成功经验对施工工序和施工方法进行调整和优化;在缺乏经验的地区施工,宜选择有代表性的区域进行现场试验性施工。

20.1.3 应遵守环境、海洋生态保护的有关规定,降低不利影响。

20.1.4 基槽开挖及回填防护施工的检验应符合相应的施工及质量验收标准。

20.2 施工准备

20.2.1 应熟悉设计文件,校核设计图纸,组织施工技术人员进行技术交底,现场核实调查;编制施工组织方案并全面落实。

20.2.2 应进行现场调查,核实工程地质、水文条件和周边环境情况,以及江(河、海)堤岸、闸门、围堰、油气管线、周边建(构)筑物、水下砂坑与障碍物及其他设施的详细资料。

20.2.3 应对施工区进行施工测量和施工放样,施工测量方法、精度、范围、施工放样等应执行《水运工程测量规范》(JTJ 203)、《疏浚工程技术规范》(JTJ 319)等相关规定。

20.2.4 应做好施工船舶(挖泥船、驳船、拖船等)、劳动力、材料、设备等准备工作。

20.2.5 在缺乏经验的区域施工时,宜根据设计方案、工程水文地质条件等选择有代表性地段进行现场试验性施工,确定最佳方案指导全线施工。

20.3 基槽开挖与清淤

20.3.1 应根据沉管隧道基槽的各个分段、各类土质、不同纵坡、不同深度等特点,进行全面分析,逐一完成各管节或分区段的基槽开挖施工布置和实施方案。

20.3.2 应纵向分段、竖向分层、横向分区进行施工,可分为粗挖、精挖、清淤三个阶段。

20.3.3 基槽开挖可根据设备能力、岩土情况及工效等选用耙吸式挖泥船、抓斗挖泥船、绞吸船、凿岩船等进行施工。

20.3.4 基槽开挖应遵循"先粗挖、后精挖、分层开挖"的原则;应合理安排适当的船机设备及工艺开展粗挖、精挖和清淤施工。

20.3.5 基槽精挖层厚度应结合施工工艺和工程控制要求确定,宜为基槽底面以上 2~3m 范围。

20.3.6 基槽开挖宽度及边坡坡率应严格控制,较深的基槽边坡应分层按阶梯形断面开挖,使自然塌坡后接近设计边坡,边坡分层台阶厚度不超过2m。

20.3.7 基槽底部开挖应采用精挖工艺,超欠挖应控制在设计范围之内。

20.3.8 基槽开挖到设计高程时,应进行验槽并检查地质情况是否与设计相符。

20.3.9 基槽精挖施工应与后续工序合理衔接,流水作业,减少回淤量。回淤较大时应进行清淤。

20.3.10 抓斗式、耙吸式等各类挖泥船的定位、分层分段开挖、抛泥等技术要求应执行《疏浚工程技术规范》(JTJ 319)等相关规定。

20.3.11 基槽开挖区如遇岩层或孤石,应根据其坚硬程度,确定是否经预处理后再开挖。岩石预处理爆破作业应执行《水运工程爆破技术规范》(JTS 204)等相关规定。

20.3.12 基槽开挖应采用精确可靠的测量定位系统;基槽开挖、回填、沉放等关键工序前应对基槽边坡形态和槽底宽度、高程进行检测。

20.3.13 基槽开挖应严格控制基槽宽度、槽底高程、轴线偏差、边坡坡率等的施工精度,检验方法和数量等应满足设计文件和《水运工程质量检验标准》(JTS 257)等相关规范要求。

20.3.14 基槽粗挖后,精挖交工验收与管节沉放前的关键工序宜对边坡稳定性、回淤形态和强度等进行监测和分析;监测方法的具体技术要求应结合现行《水运工程测量规范》(JTJ 203)和《深层型核子水分—密度仪现场测试规程》(SL 275.2—2001)等相关规定实施。

20.3.15 基槽开挖产生的弃方应按主管部门审批指定的区域及航路进行倾倒。

20.3.16 在对环保有限制的区域进行基槽开挖施工时,应遵守有关环保规定,采取合理的施工方法和必要的控制措施,并对水域土粒扩散和混浊度等进行检测。

20.3.17 基槽清淤应考虑淤泥量、流动特点、周边情况等因素选用相匹配的清淤设备。

【条文说明】沉管隧道基槽开挖的地质包括岩层与土层两种情况。港珠澳大桥沉管隧道底部基本为中粗砂层,可采用耙吸式及抓斗船进行基槽开挖,根据开挖的精度要求及土层特性,一般将开挖分为粗挖、精挖与施工期的维护性清淤。精挖后的交工基面即成为基础及垫层的底面,精挖对超挖控制要求严格,不得出现欠挖,必要时在正式施工前进行典型施工验证,确保施工质量。

对淤积速率快的地区,基槽开挖及清淤应贯穿隧道整个施工过程,应做好船机设备及工艺的安排。

20.4 回填防护施工

20.4.1 应根据水深、波浪、地质条件和设计方案等对回填防护进行分区分段施工,并根据自然条件、材料来源、使用要求和施工条件等,经技术经济比较后确定合理可行的施工工艺。

20.4.2 在水深较大、施工条件复杂的区域施工时,应选择有代表性地段进行现场试验性施工,确定最佳方案,以指导全线施工。

20.4.3 管节沉放完成后应对已就位的管节进行逐段回填处理,回填顺序、材料、范围、厚度、坡度等均应满足设计要求。

20.4.4 回填防护施工应避免伤及管节结构和接头,尤其是已安装的管节端封门。

20.4.5 回填材料需选用符合设计要求级配、粒径、强度、不含对隧道结构性能产生危害物质的材料,并进行相应的测试和取样。石料应未风化、强度高,不应含有易被风化、多孔、脆性的材料及其他杂物。

20.4.6 锁定回填施工

(1)锁定回填石料应满足设计要求,采用粒径合理、级配良好、不含有粒土块及植物杂质的碎石。

(2)管节沉放后应及早进行两侧锁定回填,固定管节位置。锁定回填应对称、均匀沿隧道两侧和管节方向进行,回填范围、厚度等均应满足设计和规范要求,施工过程中两侧回填高差不超过1m。

(3)锁定回填高度和宽度应以提供足够的侧向抗力,确保管节沉放后的横向稳定为原则,必要时可结合施工实际条件进行调整。

(4)锁定回填应配置专用工程船舶进行深水区的回填施工,抛填应采取对隧道结构影响较小的工艺。

20.4.7 一般回填施工

(1)一般回填石料应满足设计要求,采用粒径合理、级配良好、不含有黏土块及植物杂质的碎石。

(2)抛填前对基槽和坡面进行检查,超过设计要求的回淤或塌坡应进行清理。

(3)抛填石料应根据设计要求、施工能力、潮位和波浪影响,确定分层和分段施工顺序;回填应对称、均匀沿隧道两侧和管节方向分层、分段进行,回填范围、厚度、坡度等均应满足设计和规范要求,施工过程中两侧回填高差不超过2m。

(4)抛填完成后,应及时覆盖护面层块石。一般回填暴露长度宜控制在30~50m。

(5)水上抛填石料,应根据水深、水流和波浪等自然条件对块石产生漂流的影响,确定抛石船的驻位。

(6)一般回填宜配置专用工程船舶进行深水水域的回填施工,抛填应采取对隧道结构影响较小的工艺,控制好落距。

20.4.8 护面块石施工

(1)护面块石应满足设计要求,采用合理粒径或重量的石料。

(2)护面块石应分层、分段铺设,回填范围、厚度、坡度、顶面高程等均应满足设计和规范要求。

(3)护面回填后两侧应基本对称,边坡坡率不陡于设计坡率。

(4)护面块石施工应采用对结构影响小的作业方式。

20.4.9 护面块体施工

(1)护面块体的规格、型号和质量应符合设计要求和《水运工程质量检验标准》(JTS 257)中"混凝土构件"部分的要求,符合海工用构件的耐久性要求。

（2）所用的水泥、砂、石、水、外掺剂及混合材料的质量和规格，必须符合有关技术规范，严格按规定的配合比施工。

（3）严格按照施工技术规范的规定进行施工和养护，严禁使用海水养护。

（4）扭工块体安放前，应检查块石垫层的厚度、坡度和表面平整度，不符合要求时，应进行修整。

（5）护面块体应自下而上安放，平均海平面以上护面字块，宜采用规则安放，其余可采用随机安放。

20.4.10　一般回填及护面层回填施工完毕后可采用多波速探测声呐对能覆盖防护层区域以外至少10m范围的区域进行探测，检查回填范围、高程和坡度等是否满足设计要求。

20.4.11　应制订详细的施工组织方案和各种紧急情况的应急预案，确保施工中的管节水平稳定和结构安全。

20.4.12　管节侧面及顶部回填应分层、对称、均匀进行，防止管节因两侧受力不均而产生水平横向偏移。

20.4.13　回填防护应严格控制各回填层顶的高程和护面块体数量等施工精度，检验方法和数量等应满足设计文件和《水运工程质量检验标准》(JTS 257)等相关要求。

20.4.14　在完成管节覆盖防护层施工后，应开展回填及周边的冲刷监测，尤其是露出海床面的沉管区段。

【条文说明】沉管隧道的回填防护按功能分为锁定回填、一般回填及护面层回填三个组成部分。锁定回填施工应在管节沉放安装、贯通测量无误后进行，锁定回填按照"局部点锁在先、横向对称推进、避免产生水平推移"的原则进行。一般回填紧接在锁定回填之后实施，工程量较大，需统筹利用好船机设备，尽快按设计要求实施完成。护面层回填可根据水深条件及设备能力，选择自两侧向中间或自中间向两侧的方式进行，护面层回填施工应减少对管节主体结构及接头止水带的影响，必要时应采用碎石进行保护。对于人工岛附近露出海床面的沉管段还应兼顾考虑冲刷和两侧水下护坦的施工。

21 地基及基础施工

21.1 一般规定

21.1.1 施工前应核对设计图纸与地质勘察资料,并根据调查的基础资料编制专项施工方案,确定施工方法,选择施工船舶和机械,制订施工工艺和安全质量保证措施。

21.1.2 地基及基础处理施工前,当发现地质情况与设计条件不符时,应停止施工并及时上报设计等相关单位,分析确认后再开始施工。

21.1.3 应调查并掌握施工区域的气象与环境、水文与水质、地形与地下构筑物分布及航道与船舶航行等资料。

21.1.4 宜通过现场试验性施工确定施工技术参数,验证基础处理效果,优化施工工艺。

21.1.5 应对所使用原材料取样进行试验,试验结果应符合国家现行标准的规定和设计要求。

21.1.6 应采取合理可行的保护措施,做到对水域生态环境的不利影响可控。

21.1.7 基础及垫层施工的检验应符合相应的施工及质量验收标准要求。

21.2 地基处理

21.2.1 采用天然地基时,应减少对基底土层的扰动,基槽精挖完成后应及时进行垫层施工。

21.2.2 对天然土层进行地基处理时,应根据地质、水文、气象、周围环境等因素选择合适的施工设备和施工工艺,编制专项施工方案。

21.2.3 排水固结地基施工
(1)竖向排水体、排水垫层、堆载料规格和质量应满足设计要求。
(2)根据具体的施工工序和工法进行竖向排水体布置时,施工范围不得小于设计给定的范围,排水体数量不小于设计值,且间距相对均匀。

(3)排水垫层抛埋后断面的平均轮廓线不得小于设计断面,平均厚度不小于设计厚度。

(4)堆载料覆盖范围不得小于设计要求范围,堆载满载验收时的高程不小于设计高程。

(5)抛填堆载料应根据设计要求、施工能力、潮位和波浪影响,确定分层和分段施工顺序,并应根据水深、水流和波浪等自然条件对堆载料产生漂流的影响,确定施工船舶的驻位。

(6)当采用排水固结法处理地基,有沉降等监测设备需埋设时,施工应按设计要求进行埋设,并做好相应的保护措施。

21.2.4 换填地基施工

(1)按照设计边坡坡率开挖,开挖至设计深度时应检查地质条件是否与设计要求相符。

(2)换填地基施工应在基槽开挖到位后尽快实施,各工序合理衔接,流水作业,尽量缩短晾槽时间。

(3)换填材料应满足设计要求,并按规定检验合格。

(4)换填地基应根据设计要求、施工能力、潮位和波浪影响,确定分层和分段施工顺序,并应根据水深、水流和波浪等对换填材料产生漂流的影响,确定施工船舶的驻位。

(5)换填地基夯实应分层、分段实施,每层夯实后的厚度不宜大于 2m,分段夯实的搭接长度不小于 1m。

(6)水下夯平前宜按夯实层所处不同地层及水深条件分别开展典型施工试验,以分段确定夯实的技术要求指标。

(7)分层施工的换填地基上下层接触面间不应有回淤沉积物。

(8)换填施工过程中应加强施工边坡稳定性监测,确保基槽边坡安全。

【条文说明】块石抛填后应进行夯平,且以隧道轴线对称分层、分段实施。夯平后所有测点的最大允许偏差 ±30cm。抛填块石单块质量应为 10~100kg,其饱和抗压强度不小于 30MPa,石料不能成片状、无明显风化与裂纹。正式施工前应进行工艺试验以确定施工参数。

21.2.5 挤密砂桩复合地基施工

(1)挤密砂桩施工应严格按照设计要求和施工组织设计,选择砂桩船组,设置挤密砂桩打设参数,编制挤密砂桩打设工艺。

(2)挤密砂桩船规格的选择应根据施工现场气象及海况、地基处理的深度、船舶的适用工况、经济和效率比较等进行选择。

(3)多艘砂桩船同时作业时,应在各自划定区域内统一从一侧向另外一侧打设,船间距应不小于 100m,以免相互干扰。

(4)挤密砂桩打设应考虑打桩后隆起土的影响,视砂桩船桩架间距,合理安排各船舶砂桩打设的顺序。

(5)挤密砂桩施工前,应设置工程必需的测量点进行水准测量及基准测量,基准测量结果应整理并提交。

(6)挤密砂桩砂料的规格、质量和性能指标应满足设计要求,并应符合国家现行有关标准的规定。检验数量应按进场批次抽样复验,监理工程师见证取样。

(7)挤密砂桩施工中应不断确认套管底端的深度和套管内砂面的高度,及时进行提管高度和下砂长度的修正,确保每根桩所需投入的砂量满足要求。

(8)当采用抓斗式挖泥船清除隆起土施工时,应分别进行上层、下层开挖。

(9)挤密砂桩施工质量可采用标准贯入试验对成桩进行检验,试验值不应小于设计值。

【条文说明】挤密砂桩施工布置采用正方形、三角形形式,桩间距均匀分布。挤密砂桩平均标贯不宜少于20击,桩顶2m范围内不宜少于20击。砂桩材料应选用中粗砂,含泥量不宜大于5%,砂料中可含有粒径不大于50mm的碎石,其含量不宜大于10%。对于软土层厚、附加荷载较大的区域,挤密砂桩可联合开展堆载预压,以减少主固结沉降量。现场开展成桩试验目的是检验挤密砂桩设计要求、确定施工工艺和控制技术要求(如填砂量、提升高度、挤压时间、桩底高程等)。

21.2.6 复合地基施工除应满足上述规定外,还应符合《建筑地基处理技术规范》(JGJ 79)。

【条文说明】沉管隧道地基处理最终目的是为隧道提供一个满足承载力与沉降控制要求的人工地基。不同的地基处理在施工前均应结合环境条件制订有针对性的施工计划,包括施工的设备、工艺及质量检验等。水上施工不同于陆上施工,施工作业条件相对复杂,多采用大型设备装备,具有可控的操作系统,可视化的施工界面等,如大型挤密砂桩船,可减少人为的不确定因素,并有效提高施工质量。

通过现场工艺试验确定高压悬喷桩施工工艺、施工控制要求和设计参数,之后进入正式施工。根据场地要求可选用正方形或正三角形布置,水灰比需要现场试验确定,桩体无侧限抗压强度根据龄期等因素确定。通常采用硅酸盐水泥,并且水泥质量要稳定且得到保证。

21.3 桩基础施工

21.3.1 预制桩施工

(1)打桩前应制订合理的施打顺序和技术措施避免或减少挤土效应,宜由内侧向外侧施工。

(2)锤击沉桩时,锤型选择应根据地质、桩身结构强度、桩的承载力和锤的性能,并结合施工经验或试桩确定。

(3)遇到下列情况之一时,应暂停打桩,并与设计人员及时研究解决。

①贯入度剧变。

②桩身突然发生倾斜、移位或有严重回弹。

③桩顶或桩身出现裂缝或破碎。

(4)基槽开挖完毕后,应根据地质、坡度、水流、基槽深度及施工要求等情况,间歇一定时间后沉桩。

(5)应采取措施减少预制外露长度,并及时截桩。

(6)沉桩过程中应观测岸坡及邻近建(构)筑物的位移和沉降。

21.3.2 桩基施工除应满足上述规定外,还应按照《港口工程桩基技术规范》(JTS 167)、《先张法预应力混凝土管桩》(GB 13476)中的要求执行。

【条文说明】沉管隧道桩基础施工时应严格控制桩顶高程,避免出现不必要的水下桩基处理作业。打桩控制应结合试桩试验确定的参数进行,并做好对不同地层或区域的合理调整。

预应力混凝土管桩(PHC)应选用检验合格的成品进行施工。预应力混凝土管桩应执行现行《港口工程桩基规范》(JTS 167-4)的相关规定,接桩应选用焊接或机械啮合接头。边桩桩顶允许偏差小于100mm,中间桩桩顶允许偏差小于$D/2$(D 为桩径),桩身垂直度不超过$1/100$。

21.4 基础垫层施工

21.4.1 垫层施工前,应根据施工区域的气象、环境、水文资料,编制施工船舶的作业控制工况、作业窗口。根据预报预测的波高、流速、潮差、风、大雾和雷暴雨等数据,结合所用整平设备性能与工效、作业条件要求,确定施工期内垫层铺设可作业天数。

21.4.2 垫层施工前,基槽底回淤沉积物厚度应满足设计要求;不满足时应进行清淤,清淤后应尽早铺设碎石垫层。

【条文说明】清淤后采用整平船落管法铺设碎石垫层。为了保证铺设的碎石垫层内形成足够的挤压力,必须始终保证落管内维持一定高度的碎石柱体。碎石挤压力和碎石垫层参数之间关系应通过试验确定。

21.4.3 基础垫层施工后,应采用多波束进行扫测或潜水探摸,不满足时应进行清淤,清淤满足设计要求后,应尽快完成管节安装。

21.4.4 后填法施工时,临时支座应提供有足够承载力,承载力可根据管节设计所需的负浮力大小进行计算确定的。

21.4.5 喷砂法施工

(1)喷砂前应利用喷砂设备逆向作业系统清淤。

(2)砂料粒径与级配应满足设计要求并利于施工。

(3)混合料含砂量、喷射压力应通过试验确定。

(4)根据吸管回水含砂情况检验管节底部充填程度。

21.4.6 砂流法施工

(1)在管节预制时预留砂流孔,并不得出现渗漏。

(2)在管节沉放之前,应检查砂流孔并确保良好。

(3)材料粒径与配合比、压力应根据试验确定。

(4)纵向灌砂应按先中间后两侧顺序对称进行。

(5)可根据压砂量、砂流压力、管节高程、潜水探摸等方法监控砂积盘形成情况。

(6)冲击坑、砂流槽、压砂孔采用灌浆充填时,注浆压力、浆料均应满足设计要求。

21.4.7 压浆法施工

(1)在管节预制时预留压浆孔,并不得出现渗漏。

(2)在管节沉放之前,应检查灌浆孔并确保良好。

(3)压浆前应在管节周边采取止浆措施。

(4)压注材料粒径与配合比、灌注压力应满足设计要求或根据试验确定。

(5)注浆前,先应压水清孔,压通后再进行压浆。

(6)注浆过程中应对沉放管节进行监测,以控制管节上抬量和横向水平高差。

(7)注浆宜从沉管段下坡向上坡方向逐孔交错进行。

(8)根据注浆压力、注浆量等控制灌浆充填程度,采用砂浆测定仪检测灌浆充填率。

21.4.8 先铺碎石垫层施工

(1)先铺法施工采用的垫层石料应符合设计要求的粒径、级配、强度及含泥量等指标。

(2)先铺碎石垫层施工应采用专用整平船舶,并应附配有合适的供料船、拖轮、锚艇及石料运输船。

(3)整平船的下料管直径应根据结合碎石层顶部成形后的宽度确定,可取为1~2m。

(4)整平船施工前,应根据设计要求的铺设范围准确驻位,并对声呐及抛石管平面及高程等参数进行校准与确认。

（5）为确保整平船布锚定位准确，在进场定位前编制锚位管理计划，布锚前计算出整平船各锚位的坐标，通过 GPS 精确定位抛锚。

（6）在管节的碎石基床铺设过程中，通过整平船锚绞车收放锚缆，实现整平船在整个管节范围内的移船和定位。

（7）先铺法宜分粗平和精平两阶段进行，精平层厚度不宜超过 40cm。

（8）一个船位底层和顶层基床铺设施工完成后，抛石管内剩余石料应在基床铺设区域外排弃。在铺设结束前的最后阶段，严格控制抛石管内碎石的料位高度，使之在铺设结束时抛石管内料位高度控制在 2~5m 之间。

（9）碎石垫层施工时应考虑由设计单位根据不同管节的基础形式提供相应的预抛高量。

【条文说明】 沉管隧道垫层是介于结构底板与地基之间的调节层，根据施工的前后顺序可分为先铺法与后铺法两种。后铺法是在管节沉放后通过预留孔向管底压（灌）注砂水混合料，以填满管底空隙，这种做法国内外实例多，工程经验丰富。先铺法常采用的是带垄沟的碎石层，需要专用设备进行一次或二次铺设，这种方法在厄勒海峡沉管隧道首次大规模应用，韩国釜山隧道也采用先铺法，效果良好。港珠澳大桥沉管隧道为减少后铺法对航道等的影响，并提高管节沉放回填的作业效率，经对两种方案比较后选用先铺碎石法。

22 管节沉放安装

22.1 一般规定

22.1.1 管节沉放前应在作业水域设置标记并向有关部门申请航道管制,配置警戒船只对施工附近海域进行示警,避免容易引起较大船行波的大型船舶靠近施工区域。

22.1.2 应根据气象水文作业预报情况、沉放安装设备等综合选择合适作业窗口安排沉放作业。

22.1.3 管节沉放方式应综合考虑管节的设计参数、施工海域环境条件、水深地质条件、设备配备情况进行选择。

22.1.4 沉放安装锚泊系统应根据管节尺寸及环境条件确定系泊设计荷载,并根据施工区域地质条件,沉放安装施工工艺和抛锚设备及工艺,确定锚体结构选型依据。

22.1.5 当沉放安装出现异常时,应根据作业窗口期和异常原因,选择临时系泊区域等待或将其浮运回管节寄放区。

22.1.6 当采用先铺法施工管节基础时,管节安装前应对碎石基床进行检查,如有回淤超过设计要求,应进行清淤;当采用后铺法施工时,管节安装前应进行硬扫基床确保基槽满足设计要求,检查核对临时支承垫块的位置、高程及安装的垂直度。潜水作业应考虑降低风险、提高效率、节约成本,潜水方式根据水深、地形复杂程度等进行选择,具体要求可参照《空气潜水安全要求》(GB 26123)、《混合气潜水安全要求》(GB 913)等有关规定。

22.2 管节沉放准备

22.2.1 管节沉放方式应根据下列条件综合选取:
(1)管节沉放区的风、浪、流等。
(2)管节几何尺寸及重量。
(3)施工水域面积以及过往船舶的影响。
(4)管节沉放区海水深度、密度等。

22.2.2 管节沉放专项方案

(1) 根据管节沉放设备的不同,管节沉放方式可采用起重船吊沉法、升降平台法及驳船吊沉法。

(2) 起重船吊沉法,适用于管节数量少、尺寸小、风浪小的沉管隧道施工。起重船吊沉法沉放示意如图 22.2.2-1 所示。

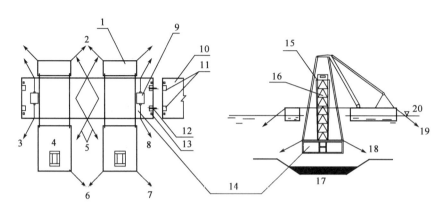

图 22.2.2-1 起重船吊沉法沉放示意图

1-锚缆船;2、6、7、19-锚缆;3、8-主缆;4-浮吊;5-副缆;9-测量控制塔;10-已沉管节;11-拉合座;12-拉合千斤顶;13-声呐定位设备;14-待沉管节;15-绞车;16-测量控制塔;17-基槽;18-主(副)缆;20-水面

(3) 升降平台法,适用于风浪大、施工水域小的沉管隧道施工。该方法的主要施工设备为自升式升降平台,升降平台由四根柱脚和一个钢浮箱组成,管节的下沉和平面位置调整均通过升降平台进行,不需另外设置系泊调整系统。升降平台法沉放示意如图 22.2.2-2 所示。

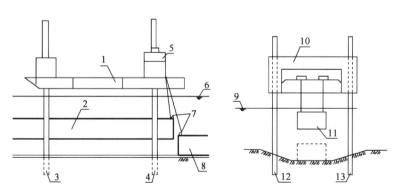

图 22.2.2-2 升降平台法沉放示意图

1、10-升降平台;2、11-待沉管节;3、4-柱脚;5-测量室;6-水面;7-声波换能器;8-已沉管节;9-水面;12、13-柱脚

(4) 驳船吊沉法,根据驳船采用不同的结构形式可分为浮箱式、四方驳船、双驳船、双客体船吊沉法。驳船结构形式宜根据施工区域环境条件、施工水域面积及航道情况进行

选择。

①浮箱式驳船吊沉法采用大浮箱,在管节首部和尾部各布置一个浮驳或浮箱,适用于浅水域、水环境条件良好的沉管隧道施工,如图 22.2.2-3 所示。

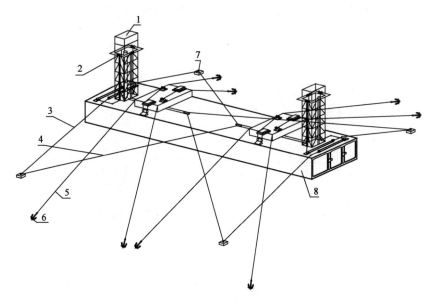

图 22.2.2-3 浮箱式驳船吊沉法沉放示意图

1-测量控制塔;2-管节调整绞车;3-管节横调缆;4-管节纵调缆;5-沉放驳定位缆;6-沉放驳定位锚;7-定位锚块;8-管节

②四方驳船吊沉法的主要设备为四艘小型方驳,方驳分为前后两组,每组方驳之间由型钢或钢梁板相连形成一个船组。管节沉放时,方驳之间的钢梁作为受力构件承受管节的吊力。考虑到四方驳船吊沉法吊沉能力较低,适用于规模较小的沉管隧道。管节四方驳船吊沉法如图 22.2.2-4 所示。

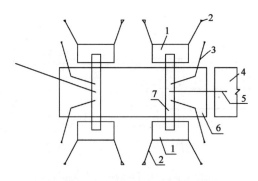

图 22.2.2-4 四方驳船吊沉法沉放示意图

1-方驳;2-方驳定位线;3-横调缆;4-已沉管节;5-纵调缆;6-待沉管节;7-钢板梁

③双驳船吊沉法是将四方驳抬吊法中前后两只方驳用一条大的方驳代替,抗倾覆稳定性及安全度较高,适用于规模大、管节数量多、施工水深大、水文环境恶劣的沉管隧道,如图 22.2.2-5 所示。

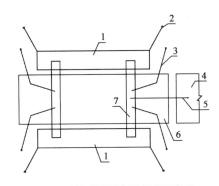

图 22.2.2-5　双驳船吊沉法沉放管节示意图

1-方驳;2-方驳定位线;3-横调缆;4-已沉管节;5-纵调缆;6-待沉管节;7-钢板梁

④双壳体驳船吊沉法是将四方驳抬吊法中前后两组船舶加工成一个整体,形成双壳体船吊沉法,有利于提高管节稳性、抗倾覆稳定性,安全度更高,适用于规模大、管节数量多、施工水深大、水文环境恶劣的沉管隧道,如图 22.2.2-6 所示。

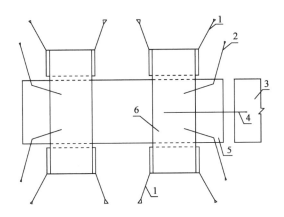

图 22.2.2-6　双壳体驳船法沉放管节示意图

1-沉放驳定位线;2-横调缆;3-已沉管节;4-纵调缆;5-待沉管节;6-沉放驳

【条文说明】目前管节沉放的主流方法是浮箱式驳船吊沉法和双驳船、双壳体驳船吊沉法,其中浮箱式驳船吊沉法采用浮驳或大浮箱进行管节沉放;起重船吊沉法和四方驳船吊沉法的应用相对较少。对于浮箱式驳船吊沉法,由于管节锚泊性能要求较高,因此其通常和测量塔一起应用,调整缆的液压绞车位于测量塔的顶部。对于双驳吊沉或双壳体船法,由于船组稳定性较高,管节的锚泊性能要求较低,故调整缆的液压绞车可以置于沉放驳上,从而降低测量塔的重量或取消测量塔采用其他方法进行管节定位测量。经综合论证后,港珠澳沉管隧道采用双壳体驳船吊沉法安装管节。

22.2.3　沉放驳设计

(1)沉放驳设计应考虑下列因素:

①隧道施工区域所属航区性质。
②沉放驳调遣的线路及调遣方式。
③管节沉放安装时的最大负浮力。
④管节的主尺度及吊点布置情况。
⑤所采用的沉放方式。

(2)沉放驳应具备以下功能：
①系泊定位系统,配置移船绞车用于固定或调节沉放驳的纵向及横向位置。
②吊沉系统,配置液压电动绞车用于控制沉管下沉深度、速率及管节姿态。
③远程控制系统,配置控制室及电动开关用于远程控制管内阀门和水泵。
④加水系统,配置水箱及进排水阀门以控制沉放驳自身干舷。
⑤视频监控系统,配置电脑终端及配套软件用于实时显示管节姿态、位置及压载水箱水位。
⑥电力系统,配置柜式发电机用于提供沉放作业过程中的动力及照明。

(3)沉放驳甲板面的定位控制绞车应根据沉放及系泊定位受力分析结果配置。

22.3 系泊定位

22.3.1 管节浮运前,应做好抛锚定位的各项准备工作。

22.3.2 当波浪和水流力对管节的作用力较大时,宜采用拖轮顶推方式等辅助措施增加管节稳定性。

22.3.3 管节浮运到位后,应根据系泊方案连接系泊缆绳,形成管节系泊定位锚系。

22.3.4 应根据实时动态差分卫星定位结果,调节管节位置,使管节首部与已沉管节尾部距离约5m,然后调整管节轴线位置,使其与设计轴线位置基本重合。

22.3.5 根据所采用锚的不同,管节锚泊可分为重力式锚块锚泊和大抓力锚锚泊,管节锚泊应符合以下规定：

(1)考虑到重力式锚方案往往具有占用水域较小、加载过程基本不会产生位移、锚绞车和导缆结构较小、成本较低等优点,通常情况下管节沉放应优先选用该方案。

(2)锚碇位置基床不宜开挖或抛锚位置水深较大的沉管隧道时,宜采用大抓力锚方案进行管节系泊。

(3)采用重力式锚块方案时,宜采用变倍率滑车组降;在锚块安装位置开挖锚坑时,应专项分析开挖位置、开挖深度对基床的影响。

(4)采用大抓力锚方案时,应根据土层特性对起、抛锚工艺进行专门研究。

22.4 压载沉放

22.4.1 压载沉放前,应按照预定作业指导计划确认设备、人员准备情况。

22.4.2 压载水箱注水

(1)向管节压载水箱注水,直至完全淹没管节。

(2)继续向压载水箱注水至指定负浮力,抗浮系数宜选用1.01~1.02。

22.4.3 管节下沉过程中应随时校正管节位置,管节沉放速度宜为0.3~0.5m/min,直至管节底高程距设计高程约4m。

22.4.4 管节沉放过程中应进行姿态测量,均匀对称压载。根据姿态测量结果,通过调整横调、纵调系统控制管节位置,避免偏离过大。

22.4.5 管节对接控制

(1)管节向前移动至距已沉管节2m左右时,应降低管节沉放速度。

(2)下沉管节至管底的距离设计高程0.5~1m位置,应调整管节纵向坡度和轴线偏差,轴线偏差不宜大于0.3m。

(3)管节前移至距已沉管节0.5m时,校正管节位置后,管节轴线偏差应控制在0.05~0.1m以内。

22.5 拉合对接

22.5.1 拉合对接前,应清除GINA止水带四周、对接端端面的杂物,检查拉合千斤顶等设备是否能正常工作。

22.5.2 采用鼻式托座定位时,上鼻托与下鼻托轴线一致后,方可下沉至下鼻托面上,相关操作应满足下列要求:

(1)待对接管节的另一端宜配置两套支承顶升千斤顶及相应的两块临时支座。顶升千斤顶的液压站应设置在管节内,油管要穿过管节的端封墙,顶升千斤顶(包括连接油管)在管节沉放对接过程都暴露在水中。

(2)已沉管节拉合千斤顶的拉合杆应与待对接管处的拉合座相对接后,方进行拉合操作。

【条文说明】采用鼻式托座对接定位精度高,上、下鼻托悬臂较小,受力状态好。上鼻托设置在准备沉放对接的管节上,下鼻托设置在先前已沉放好的管节(或岸上段对接管节端头)。

22.5.3 采用导向定位梁(杆)时,应在被沉放管节顶面预先设置两根导向定位梁,在已沉放好的管节顶面设置定位座,以保证定位准确,对接精度能满足要求。

22.5.4 当 GINA 橡胶止水带刚接触已安好沉管钢端壳端面时,应精确复核并调整对接端偏差,再通过拉合千斤顶压缩 GINA 橡胶止水带,使 GINA 橡胶止水带实现初步压缩,达到初步止水。

22.5.5 由潜水员检查确认初步止水效果后,可通过监测结合腔内水压力,判断拉合对接进程、控制结合腔内排水,并利用自由端水压力进一步压缩 GINA 止水带,完成水力压接。

22.5.6 完成压接后,进行贯通测量,确定沉放后管节轴线位置。

22.6 轴线调整

22.6.1 当管节水力压接完成后,对接精度超出管节允许偏差时,应在沉放驳撤离前进行管节轴线调整。

22.6.2 管节轴线调整可采用专用设备法和"顶头摆尾"法等,其特点及适用范围见表 22.6.2。

表 22.6.2 管节轴线调整方法、特点及适用范围

调整方法	特 点	所需设备	适 用 范 围
专用设备法	受波浪影响比较小、调节精度高、安全可靠、操作方便	体外定位系统	适用精确定位阶段,对管节轴线纵、横向微调,也可在管节对接后尾部调整
"顶头摆尾"法	调节精度高、操作方便,具有即时性,调整过程即可知调整效果	专用千斤顶	适合于管节长宽比较大、接头处水深较浅的管节轴线调整

22.6.3 管节安装偏差满足设计要求后,方可继续向压载水箱内灌水均匀压载,直至最终压载抗浮系数达到 1.05~1.06,完成管节沉放,解除锚缆。

22.7 最终接头

22.7.1 最终接头实施方案的选择应考虑管节沉放次序、水深条件、水文、航道、岸线、工期等多方面的因素。

【条文说明】 由于安装最后一个管节所在的位置不同,所处理的方法也不同,有岸上最终接头和水中最终接头之分。最后一个管节接头在陆地处理完成的习惯称岸上最终接头;最后一个管节接头在水中处理完成的习惯称水中最终接头。

22.7.2 岸上最终接头

(1)岸上最终接头应采用干施工工艺,可采用围堰、竖井等结构。

①采用竖井结构时,一般宜采用橡胶止水带,也可用 W 形一次防水,L 形二次防水,U 形三次防水;

②采用围堰结构时,一般宜采用水下灌浆止水。采用水下灌浆止水时,宜采用柔性灌浆材料,并设置多道止水结构。

【条文说明】 管节从一岸开始安装,最终到达另一岸的安装工艺,最后的一节端头需在岸上进行处理,完成与岸上暗埋段的连接。

(2)当最后一个管节钢端壳内水抽干后,其所承受的水平压(推)力可按公式(22.7.2)计算确定:

$$T = \gamma_{水} \times H_{平均水深} \times S \qquad (22.7.2)$$

式中:T——管节承受水平压(推)力;

$\gamma_{水}$——水的重度;

$H_{平均水深}$——管节端面平均水深;

S——管节承受水压端面积。

(3)当最后一个管节与岸坑内水抽干后,管节上的 GINA 橡胶止水带将产生与式(22.7.2)相同的反弹力,又称止推力。止推结构可采用基坑底板设置止推坎、基坑侧板与管节间设置止推剪切键(水工专业简称为牛腿)、管节与基坑间浇筑水下混凝土黏结等方式,达到止推力目的。

22.7.3 水中最终接头

(1)管节从两端岸开始安装时,最后的一个管节端头需在水中进行处理,应采取水中最终接头完成管节连接。

①最后一个管节在预制时,为了满足水中最终接头的安装要求,宜将管节分为长管节和短管节两部分预制,短管节根据施工经验可取 2.5~3.5m。

②上一相邻管节安装前,应与短管节在岸上拉合,形成安装管节。

③最后一个管节的长管节部分安装完成后,应用水下钢模板包裹密封最后一节管节的长管节与短管节,长管节与短管节之间应采用支撑梁临时支撑,形成水下干地施工工作环境,进行钢筋绑扎、混凝土浇筑等,最终完成完整的一节管节。

(2)当模板腔内水抽干后,管节上的 GINA 橡胶止水带所产生的反弹力可按式(22.7.2)计算。反弹力主要由支撑柱(梁)支撑,模板仅承受四周围水压力。模板与管节混凝土间宜采用橡胶止水带止水。

(3)模板和支撑柱(梁)的长度应根据管节安装完成最后的一个管节后,实测最后两管节间距确定。

(4)最后两个管节安装前,接头模板的底模板应预先放入管底,其安放位置应准确、平整。

(5)模板腔内抽水前,应由潜水员对所有封板位置、橡胶止水带等进行彻底检查。

23 管节施工测量技术与控制

23.1 一般规定

23.1.1 管节施工测量前,应熟悉施工设计图纸,并收集当地水文、水质、混浊度等有关测量资料,明确管节水下对接精度要求,制订施工测量专项方案。

施工测量专项方案应包括施工测量控制网建立与施测、模板安装形变测量、沉管顶推监测、钢端壳安装测量、沉管安装定位测量等。

【条文说明】施工控制网应包围测区,以确保测量在控制网内具有较好的几何图形强度,实现在测区内达到较高的测量精度。

23.1.2 施工控制网的建立,应充分利用勘察设计阶段的已有平面和高程控制网。

23.1.3 施工控制网选点和埋设

(1)施工控制网需要包围测区,以确保测量在控制网内具有较好的几何图形强度,满足较高测量精度要求。

(2)相邻点之间宜有良好的通视条件。

(3)采用电磁波测距时,测距边应避免通过发热体并避免视线背景部分有反光物体;测站应避免受电磁场干扰,离开高压线5m以外。

(4)GPS点位应选在方便使用和保存的位置,在地平仰角15°以上的视野内没有障碍物,并避开电磁辐射源和可能产生多路径效应误差的地点、光滑反射物体。

(5)平面和高程控制点共点时,管节预制控制点应采用带强制对中标志的观测墩。

【条文说明】常规边角测量、电磁波测距均需要控制点间通视,以利正常观测。GPS点间要求通视,主要考虑后续监测中全站仪测量需要而设定。采用强制对中装置有利于消除设备对中误差,对测量要素观测精度的影响。

23.1.4 施工控制网的施测应符合国家及有关行业测量标准规定等级的作业要求、精度指标、技术要求和数据处理方法等。

【条文说明】国家及行业测绘标准主要包括《国家一、二等水准测量规范》(GB/T 12897)、

《国家三、四等水准测量规范》(GB/T 12898)、《全球定位系统(GPS)测量规范》(GB/T 18314)、《国家三角测量规范》(GB/T 17942)、《工程测量规范》(GB 50026)等。

23.2 管节预制测量

23.2.1 管节预制应根据预制场总平面图布置及管节预制工艺建立相应的测量控制网,宜先建立场区控制网,再建立管节预制控制网。

23.2.2 管节预制平面控制网的布网形式及等级精度应根据预制场建设规模、管节预制的精度要求等综合选择。

23.2.3 场区平面控制网的坐标系统宜与工程设计采用的坐标系统相同。
模板安装测量应优先选用首级控制网的控制点进行设站,并采用正倒镜的平均值作为最终结果。

23.2.4 预埋件的安装测量可采用全站仪极坐标法直接在控制点上设站进行测设。

23.2.5 端钢壳安装测量应符合以下规定:
(1)端钢壳安装应采用固定的仪器、固定的点位进行安装测量控制。
(2)对采用L形一次浇筑成型的端钢壳,宜采用全站仪极坐标法直接测量。
(3)对采用H形钢和面板组合分步成型端钢壳,宜采用钢尺量距法测量。

23.2.6 混凝土浇筑期间,应对模板进行底模、顶模及基础的沉降观测,内模、侧模及端模的位移观测。

23.2.7 端钢壳采用一次浇筑成型时,应实时监测浇筑期间的端钢壳变形,监测频率宜根据混凝土浇筑速度确定。浇筑引起的轴向位移大于3mm时,应考虑对端钢壳的位置进行调整。监测的方法、仪器、设站点应与端钢壳安装时相同。

23.2.8 采用工厂法预制时,监测测量应符合下列要求:
(1)在管节顶推节段首尾两端宜采用全站仪分别监测顶推行程及轴向偏差,并以待匹配节段端头的监测为主、另一端为辅。
(2)顶板钢筋笼绑扎期间,对胎架进行沉降观测。
(3)钢筋笼体系转换时,对钢筋笼吊架进行预拱度的观测。

23.3 管节沉放安装测量

23.3.1 管节沉放前,应在管节上标定沉管安装定位测量特征控制点、设备安装点。应建立管节坐标系,确定管节各特征控制点与设备之间的相互关系及其在工程坐标系下的坐标。坐标测定宜利用全站仪自由设站法。

23.3.2 管节沉放实时定位测量方法应根据离岸距离、水深、水质、流速等作业条件选择,主要包括测量塔全站仪法、测量塔实时动态差分卫星定位法、声呐法、机械拉线法等,宜采用组合测量系统定位。

【条文说明】采用单一定位测量法,缺少有效的校验方法或措施。此外,传统测量数据处理采用人工准实时计算,用对讲机通报管节状态,自动化程度低,计算结果误差影响大,影响管节沉放对接的精度、可靠性和效率。

23.3.3 近岸浅水区安装定位测量

(1)管节距离岸边小于 1 000m 的近岸浅水区,可采用由测量塔、全站仪、GPS、姿态传感器、通信系统、软件系统形成的组合定位测量系统。

【条文说明】在岸边控制点上,根据通视情况,分别架设两台全站仪;此外在另一控制点上架设 GPS 参考站。GPS 流动台和棱镜分别固定在待沉管前、后测量塔顶上;借助极坐标法,利用全站仪测量棱镜的实时三维位置;利用 RTK 定位技术,实时监测流动台 GPS 天线位置三维位置;前后测量塔正下方、沉管内安装光姿态传感器监测管节的实时姿态。整个系统原始观测数据通过无线网络发送到指挥中心,中心计算机根据原始观测数据实施数据处理,并进行管节状态信息的实时计算和显示。每个测量塔上配置两套电台,一台用于负责流动站 GPS RTK 三维坐标的发送,另一台用于负责姿态传感器实时姿态参数的发送;在岸上,每台测量机器人上各配置一套电台,负责棱镜的实时三维定位坐标发送。监控中心配置一套电台,负责野外各发射单元观测数据的接收以及传输到计算机。

(2)全站仪宜采用自伺服测量机械人。

(3)测量数据的融合和校验

①采用组合系统测量定位时,应比较各定位方法在控制点上的定位数据,分析互差是否满足限差要求,相互检校测量成果。

②在定位限差满足要求前提下,管节沉放作业应以卫星定位为主。当与已安装管节间距离小于 2m 时,管节对接作业应以全站仪测量定位为主。

【条文说明】限差的设定根据 GPS RTK 定位解精度和全站仪定位解精度给出。

23.4 离岸深水安装定位测量

(1)离岸深水区安装定位测量应考虑风浪流、基槽水质混浊程度等作业条件,并可采用机械拉线法或水下声呐定位法,利用高精度姿态仪或光纤罗经对管节进行姿态和方位辅助测量。浑浊度较高、悬浮物较多水域不宜采用水下声呐定位法。水流较大时不宜采用机械拉线法。

【条文说明】采用声速剖面仪主要用于测量声呐法测量作业水域不同深度层声速,用于精密声呐测距计算。

(2)离岸深水区安装定位测量设备及安装宜按表23.4确定。

表23.4 离岸深水区安装定位测量使用的设备

设备名称	工 作 内 容
机械拉线定位仪	分别安置在管节对接面的左右两侧,用于实现管节沉放、对接过程中的测量定位
声呐定位仪	分别安置在已安放和待安放管节对接端的上方左右两边,用于实现管节沉放、对接过程中的测量定位
声速剖面仪	用于管节沉放对接水域声速剖面的测量
光纤罗经	监测管节姿态及方位变化
高精度姿态仪	监测管节姿态

注:以上设备在使用前均应校验。

【条文说明】声波在海水中的传播速度与海水温度、盐度和静水压力有关,随着海水深度的增加,其温度、盐度和静水压力逐渐变化,超声波的传播速度也逐渐变化,因此要精确测量管节之间的距离,必须对超声波在海水中的速度变化进行研究,同时对不同深度海水的温度、盐度和静水压力进行精确测量。采用声速剖面仪主要用于测量声呐法测量作业水域不同深度层声速,用于精密声呐测距计算。

(3)水下声呐法定位

①水下声呐法定位系统安装可参照图23.4-1。

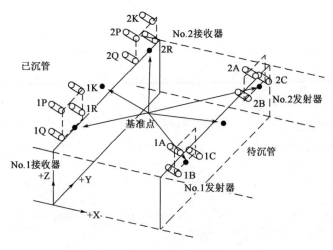

图23.4-1 水下声呐定位系统安装示意图

②管节沉放作业水域的声速剖面数据宜通过声速剖面仪测量管节沉放作业水域获得,并

可用于后续水下声呐定位系统数据处理中的声速改正。声速测量每 30min 不宜少于 1 次。

【条文说明】复杂水文条件(如温度、潮汐等)下,声速可能发生较大变化,因此需要采用较高采样频率采集声速数据,用于作业过程中距离的精确计算。

③水下声呐法宜和其他方法联合使用。管节沉放初期,宜用实时动态差分卫星定位系统进行定位测量;管节沉放后期,当与已安装管节间距离小于 2m 时用声呐法进行定位测量。

④声呐测距定位过程中应着重考虑海洋环境因素的影响。管节沉放和对接施工作业宜采用低频声呐系统,并严格测量声速剖面,开展声线弯曲改正;管节沉放对接宜缓慢作业,以获得更多的多余观测,消除多路径效应的影响;初始沉放时,待沉管节和已沉管节的纵向高差宜控制在一个较小的距离范围内,以减少声线弯曲改正量,提高测距和定位精度。

【条文说明】声呐法工作原理是将超声波发射换能器安装在已沉管节顶面已知坐标的位置,接收换能器安装在待沉管节的顶面,换能器的数量根据实际情况确定,用专用电缆将发射换能器和接收换能器与超声波主机相连,管节沉放时,发射换能器发射超声波信号,信号通过海水到达接收换能器,根据各个接收换能器的信号,计算发射换能器与各个接收换能器之间的距离,然后根据所测得的距离,计算待沉管节与已沉管节之间的距离、高差、偏移等。

(4) 机械拉线定位法

①机械拉线定位法,可参照图 23.4-2 和图 23.4-3。

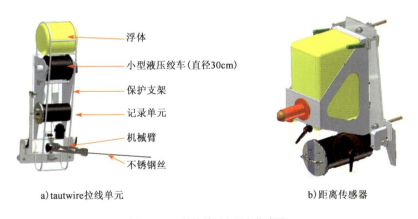

a) tautwire拉线单元　　　　b) 距离传感器

图 23.4-2　拉线单元和距离传感器

②管节沉放初期,应采用拉线单元进行管节沉放的粗定位,管节沉放至距已沉管节 40cm 时,再采用单元测定的方位角和距离传感器测定的距离进行精确定位。

【条文说明】安装断面水流流速和拉线长度对定位精度影响很大。水流流速一定时,随着拉线长度的增大,流速对测距的影响越来越大;拉线长度一定时,随着流速的增大,对测距的影响随之增大;小流速、短拉线长度对于提高定位精度非常有益。

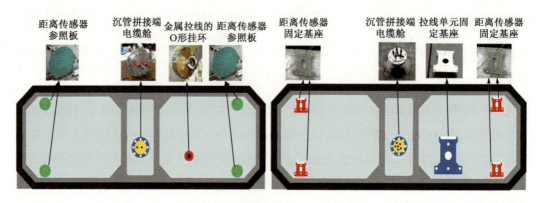

图 23.4-3　机械拉线系统布置示意图

③管节浮运到待沉位置之后,管节之间的距离不宜大于 75m。潜水员先将 Tautwire 拉线测量单元和 4 个距离传感器放置在固定板上,再将金属线挂钩挂在已沉管节的挂环上,最后连接所有的水下电缆。此外,操作员从人孔进入管节内部,连接好内部电缆。待所有电缆连接好之后,甲板技术人员进行系统测试,查看系统是否正常。

④机械拉线法宜与其他方法联合使用。管节沉放初期,宜用实时动态差分卫星定位系统进行定位测量;管节沉放后期,当与已安装管节间距离小于 2m 时宜用机械拉线法进行辅助定位测量。

【条文说明】机械法定位测量的仪器设备主要由 tautwire 拉线单元、距离传感器和水上控制系统组成,通过 tautwire 单元测定已沉管节与待沉管节之间的斜距、水平角和仰角,根据三角关系计算两管节的相对位置。由于拉线的测量精度较低,管节距离 40cm 时,用 4 个距离传感器代替 tautwire 单元的拉线测量管节之间的距离。

23.5　管节贯通测量

23.5.1　每个管节对接后应进行贯通测量。

23.5.2　贯通测量宜采用三等导线精度按往返附合路线要求进行。

23.5.3　轴线贯通测量可采用全站仪 1 台,棱镜 2~3 个,所有设备使用前均应校验。

23.5.4　管节内特征点标定测量应沿管节左右两孔端封门轴线、在管内两端的全门轴线上各布置一个测量控制点,在管尾的控制点附近增加一个备用点。特征点位置在未安装压载水箱前进行标定测量,参见图 23.5.4。

【条文说明】考虑管节内空间形状布设控制点,开展施测路线设计。

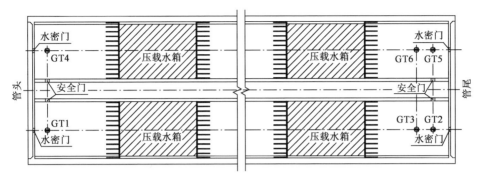

图 23.5.4 管节内控制点布置示意图

23.5.5 当采用全断面水箱时,压载水箱拆除前,可采用水箱顶部设置全站仪转站方法进行贯通测量。压载水箱拆除后,可按三等导线网测量方法进行测量。

【条文说明】由于港珠澳海底沉管隧道的沉管段较长,超过 5km,为确保管节的准确对接,根据设计精度要求采用三等导线测量。

23.5.6 轴线贯通测量可按下列操作要求进行:

(1) 测量前,在陆地稳固地基上布设隧道贯通转入控制点,至少联测 2 个以上首级控制点或首级加密点,控制点采用强制对中墩方式。

(2) 管节安装前一天,从暗埋段开始,采用精密全站仪以控制点为起点,往返测量所有已沉管节内部特征点的平面坐标,将控制点坐标引测至最末端的已沉管节尾端控制点上,获得尾端控制点精确的平面坐标。

(3) 以最末端已沉管节尾端控制点为基点,测量已沉管节内部控制点与已沉管节顶面和对接面控制点的衔接点(转点 ZD1 和 ZD2)平面坐标。测量 ZD1 和 ZD2 的方位、管节末端姿态,计算最末端管节顶面和对接面控制点的工程坐标系下坐标。

(4) 实施待沉管节的下放和对接后,以上次最末端管节的艏部特征点为基准点,测量新安装管节艏部特征点 GT1 的平面坐标;以 GT1 为基准点,测量水箱顶部钢结构平台上转点 ZD 的平面坐标。

(5) 以新安装管节的 ZD 为基准点,上次安装管节的 GT3 为后视,测量新安装管节 GT2 和 GT3 的平面坐标。

(6) 根据测量结果,计算管节轴线偏差和管节水平倾斜。

(7) 另一测量路线同步测量,进行相互校核。

23.5.7 高程贯通测量可采用三等水准测量,往返附合水准路线测量;在采用全断面压载水箱时,可采用三角高程测量,观测精度要求达到三等水准测量精度。

【条文说明】由于港珠澳海底沉管隧道的沉管段较长,超过 5km,为确保管节的准确对接,根据设计精度要求采用三等水准测量。

23.5.8 高程贯通测量可执行以下规定：

(1)三等往返附合路线,特征点位置见图 23.5.4 中的 GT1、GT2、GT3 与 GT4。

(2)管节安装的前一天,在陆地稳固地基上布设隧道贯通转入控制点。将控制点高程引测至已沉管节最末端的尾端对接面附近的控制点上。借助全站仪,采用三角高程测量方法,将对接面上的控制点高程引测到顶面和对接面控制点的衔接点(ZD1 和 ZD2)上。根据 ZD1 和 ZD2 的方位、管节末端姿态,计算最末端管节顶面和对接面控制点的高程。

【条文说明】管节沉放到位后,以上次安装管节尾部特征为基准点,测量新安装管节 GT1 的高程,在中部水箱合适位置架设仪器,按规范要求测量管节尾部 GT2 特征点高程,另一测量路线同步测量,进行相互校核,同时根据 4 个特征点高程计算管节高差和管节横向、纵向倾斜。

由于已沉管节实现了贯通,因此借助管节外工作基点(控制点)将高程借助三等水准测量引入隧道内最远端管节控制点上;由于对接点相对较高,因此需要借助三角高程测量将管节内水准点高程传递到对接点上,获得对接点高程,指导对接作业。

在管节安装的前一天实施导线和水准测量是基于以下两个方面原因:其一,从上一次管节沉放到本次管节沉放有一定的时间间隔,期间管节因重力、填埋等因素影响,管内高程可能发生变化,因此需要重新从管外开展高精度水准联测,为新的管节沉放提供参考;其次,贯通测量还有一个重要作用,即指导管节对接,需要快速进行,因此借助最末端已沉管节平面和高程,采用三角测量法,可实现待沉管节对接点位置的快速确定,从而指导管节对接微调作业。

附录 A 沉管隧道场地条件分级

表 A.1 沉管隧道场地条件分级

分级类型	简 单	中 等	复 杂
场地条件特征	(1) 隧道全部位于较均匀的岩土层当中； (2) 基槽开挖深度小于 15m； (3) 隧道基槽及地基的岩土层单一均匀； (4) 水深小于 15m； (5) 无风化深槽、断裂带等不良地质	介于复杂与简单之间的其他情况	(1) 隧道位于岩土交界面附近； (2) 基槽开挖深度大于 25m； (3) 隧道基槽及地基的软土层较厚，或存在岩层起伏较大情况； (4) 水深大于 25m； (5) 有风化深槽、断裂带等不良地质

附录 B 隧道建筑限界

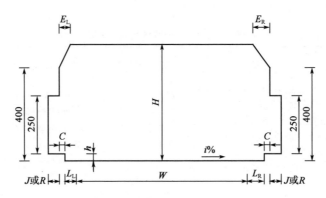

图 B.1　隧道建筑限界(尺寸单位:cm)

表 B.1　建筑限界横断面组成最小宽度(单位:m)

性质	设计速度(km/h)	车道宽度 W	侧向宽度 L 左侧 L_L	侧向宽度 L 右侧 L_R	余宽 C	人行道 R	检修道 J 左侧	检修道 J 右侧	隧道建筑限界 宽度	隧道建筑限界 高度
高速公路、一级公路	120	3.75×3	0.75	1.25	0.25	—	0.75	1.00	15.00	5.10
	100	3.75×3	0.50	1.00	0.25	—	0.75	1.00	14.50	5.10
	80	3.75×3	0.50	0.75	0.25	—	0.75	0.75	14.00	5.10
	60	3.50×3	0.50	0.75	0.25	—	0.75	0.75	13.25	5.10

注:1. 本表基于《公路工程技术标准》(JTG B01—2003)、《公路隧道设计规范》(JTG D70—2004)拟定建筑限界宽度,根据香港地方标准和英标 BS 要求拟定建筑限界高度。使用时,注意与现行《公路工程技术标准》(JTG B01—2014)等不同的不同之处。
2. 表中检修道、人行道宽度均包括余宽。
3. 建筑限界宽度以三车道隧道为例。

附录 C 管节结构水、土压力计算

C.1 竖向土压力

竖向土压力计算模式如图 C.1 所示。竖向土压力由回填料及回淤物的浮重度与覆盖层厚度所决定，$P = \gamma \cdot h$。

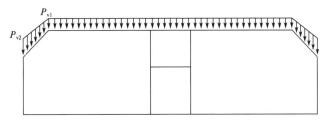

图 C.1 竖向土压力计算模式

C.2 水平向土压力

水平向土压力计算模式如图 C.2 所示。水平向土压力由侧压力系数、回填料浮重度与回填厚度所决定，$P = k \cdot \gamma \cdot h$，水平侧压力系数 $k = 1 - \sin\varphi'$，其中 φ' 为回填料的有效内摩擦角，如无实测数据，一般可取为 38°～40°。

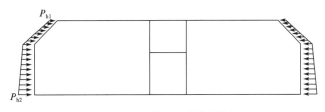

图 C.2 水平向土压力计算模式

C.3 水压力

水压力计算模式如图 C.3 所示。水压力由水体的重度与水深条件所决定，$P = \gamma_w \cdot h$，γ_w 取实测重度的大值，如无实测值时，可取为 10kN/m³。

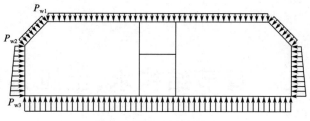

图 C.3 静水压力计算模式

附录 D 隧道抗震计算方法

隧道抗震计算方法主要有修正地震系数法、反应位移法、反应加速度法及时程分析法等，逐一说明如下。

D.1 修正地震系数法

修正地震系数法以传统地震系数法为基础，是一种附加地震力的拟静力计算方法；在地震作用下，结构承受的地震作用主要由自重水平地震力、回填土柱水平地震力、地震侧向土压力增量三部分组成。

D.2 反应位移法

D.2.1 基本原理
一般而言，地下结构的比重比周围土体小得多，因而作用于地下结构上的惯性力较小；同时，地下结构受周围土体的约束，其能量耗散较快，衰减较大。反应位移法正是基于地下结构的振动特性而提出。

D.2.2 反应位移法
根据计算方向与地层条件不同，反应位移法分为横向反应位移法与纵向反应位移法。

D.2.3 横向反应位移法
横向反应位移法计算模型中，结构周围地层采用压缩地层弹簧和剪切地层弹簧模拟，衬砌结构采用梁单元模拟，将地层位移差和周边剪切力作用于隧道，求解隧道在地震作用下衬砌结构横向的内力，计算模型如图 D.2.3-1 所示。地层位移差可以根据工程场地的加速度时程获得地层自由场实际的位移反应求得，也可根据简化的方法计算。

横向反应位移法中，地层弹簧刚度可根据土的动力特性通过现场试验或采用计算方法确定。

D.2.4 纵向反应位移法
采用纵向反应位移法计算时，结构周围地层采用横向地层弹簧和轴向地层弹簧模拟，衬砌

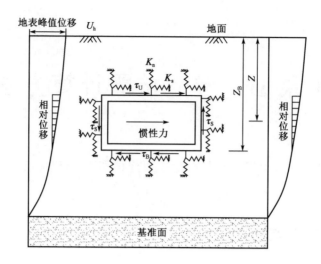

图 D.2.3-1　隧道横向反应位移法计算模型

结构采用梁单元模拟。

纵向反应位移法,假设沿隧道纵向与隧道轴线垂直的地层位移分布按正弦规律变化,如图 D.2.4-1 所示,图中 u 为地表峰值位移。

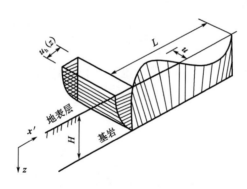

图 D.2.4-1　隧道纵向反应位移法计算模型

D.3　反应加速度法

D.3.1　基本原理

土-地下结构系统在地震作用下受力以体积力为主,土层与地下结构之间存在着动力相互作用,土层对地下结构的约束作用不可忽略。在地震动作用下,地下结构位置的土层发生最大变形时结构受力最不利,此时结构位置的土层处于最大剪应变状态。反应加速度法通过对各土层和地下结构按照其所在的位置施加相应的水平有效惯性加速度来实现在整个土-结构系统中施加水平惯性体积力。

D.3.2 计算模型

采用反应加速度法时,计算模型如图 D.3.2 所示,结构周围土体采用平面应变单元,结构一般采用梁单元,也可以根据需要采用其他单元类型。计算模型底面采用固定边界,当仅计算地震作用下结构的反应时,模型两侧边界竖向约束为零,水平向自由,即为水平可滑动边界;模型底面可取设计地震作用基准面,顶面取地表面,侧面边界到结构的距离宜取结构水平有效宽度的 2~3 倍。

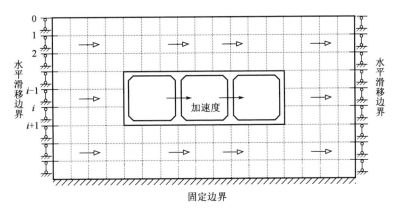

图 D.3.2 横向地震反应计算的反应加速度法

D.3.3 水平有效惯性加速度 a_i 计算

一般情况下,土层和地下结构根据其所在位置施加相应的水平加速度 a_i,a_i 应取地下结构上下底处土层发生最大相对位移时刻第 i 层土单元水平加速度;当土层复杂,结构深度位置土层性质和土层的刚度参数差别较大时,土层和地下结构宜根据其所在位置施加相应的水平有效惯性加速度,按下式计算:

$$a_i = \frac{\tau_i - \tau_{i-1}}{\rho_i h_i}$$

式中:a_i——第 i 层土单元水平等效惯性加速度;

τ_i、τ_{i-1}——地下结构上下底处土层发生最大相对位移时第 i 层土单元底部与顶部的剪应力,当 $i=1$ 时,$\tau_0 = 0$;

ρ_i——第 i 层土单元的密度;

h_i——第 i 层土单元的厚度。

D.4 时程分析法

D.4.1 基本原理

时程分析法将加速度时程等地震记录直接带入振动微分方程,将地震持续时间划分为许多微小的时间段,通过对振动微分方程的逐步积分求出结构在整个地震过程中各时刻的位移和内力。

D.4.2 计算模型

采用时程分析法时,应根据土体及其边界进行合理地建模和处理。原则上讲,时程分析法适用于各种不同情况的隧道抗震计算,尤其适用于地形与地质条件复杂、地层发生急剧变化、隧道联络横通道与主隧道相交处等复杂情况的抗震计算。

当隧道沿纵向结构形式连续、规则、横向断面构造不变,周围土层沿纵向分布一致时,可只进行横断面方向抗震计算,计算可按平面应变问题处理。当结构形式变化较大,土层条件不均匀,如地形与地质条件复杂、地层发生急剧变化、结构交叉处等,需要按空间问题进行三维建模求解。

模型边界一般采用黏性人工边界或黏弹性人工边界等合理的人工边界条件,应避免采用固定或自由等不合理的边界条件,地层的选取范围,一般顶面取地表面,底面取设计地震作用基准面,水平向自结构侧壁至边界的距离宜至少取结构水平有效宽度的 3 倍,同时需要考虑以下两种特殊情况:当地下结构埋深较深,结构与基岩的距离小于 3 倍地下结构竖向有效高度时,计算模型底面边界取至基岩面即可;当地下结构埋深嵌入基岩,此时计算模型底面边界需取至基岩面以下,如图 D.4.2-1、图 D.4.2-2 所示。

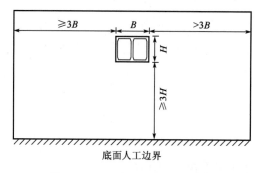

图 D.4.2-1 一般的人工边界条件图

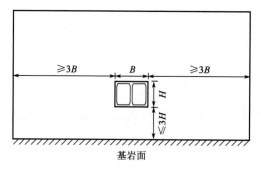

D.4.2-2 埋深较深时计算模型

D.4.3 加速度取值

采用时程分析法计算时,输入地震动一般取加速度时程,应按隧道场地类别和设计地震分组选用不少于两组的实际强震记录和一组由地震安全性评价提供的加速度时程曲线;一般采用输入基岩加速度,结构对于基岩做相对运动,在结构上施加惯性力来实现,这是一种不考虑振动传播时间的分析方法。

附录 E 隧道安全设施配置表

公路水下隧道安全设施		公路水下隧道防灾安全等级				
		A⁺	A	B	C	D
检测设施	火灾探测器	●	●	●	○	○
	摄像机	●	●	●	○	○
	异常事件视频检测系统	●	●	●	○	○
	限高门架	○	○	○	○	○
	气象检测器	●	●	○	—	—
	车温探测器	○	○	○	—	—
	危险品探测器	○	○	○	—	—
	车辆检测器	●	●	●	○	○
	CO－VI检测器	●	●	●	○	○
	风速风向检测器	●	●	●	○	○
	亮度检测器	●	●	●	○	○
报警设施	紧急电话系统	●	●	●	○	○
	手动报警按钮	●	●	●	○	○
	声光报警器	○	○	○	○	○
信息发布设施	可变情报板(外部)	●	●	●	○	○
	可变情报板(内部)	●	●	●	○	○
	可变限速标志	●	●	●	○	○
	闪光灯	○	○	○	—	—
消防设施	灭火器	●	●	●	●	●
	消防水源	●	●	●	○	—
	普通消火栓	●	●	●	○	—
	水成膜泡沫灭火装置	●	●	●	○	—
	水喷雾系统/泡沫－水喷雾联用系统	●	○	○	○	—
	给水栓(外部)	●	●	●	○	—
	给水栓(内部)	●	●	○	—	—
	消防车	●	○	—	—	—
通信设施	有线广播	●	●	○	○	○
	无线广播	●	○	—	—	—

续上表

公路水下隧道安全设施		公路水下隧道防灾安全等级				
		A⁺	A	B	C	D
通信设施	集群调度系统	○	○	—	—	—
	移动通信系统	●	●	●	●	●
交通控制设施	车道指示器	●	●	●	○	○
	交通信号灯	●	●	●	○	○
	区域控制器	●	●	●	○	○
	诱导标志	●	●	●	○	○
	应急照明设施	●	●	●	○	○
	疏散指示灯	●	●	●	○	○
	防排烟设施	●	●	●	○	—
	标志标线	●	●	●	●	●

注:"●"为原则上必选设施;"○"为视需要可选设施;"—"为不做要求设施。

附录 F 混凝土裂缝修补施工记录表

施工合同段：　　　　　　　　　　　　　　　施工单位：
设计单位：　　　　　　　　　　　　　　　　监理单位：

修补日期	工程部位	位置	裂缝类型	长度	宽度	进胶量	修补材料及配合比	验收人	备注

检测：　　　　　　复核：　　　　　　质检负责人：　　　　　　现场监理：

附录 G 管节水密性检查表

序号	检查部位	检查内容	检查要求	检查人	状况	备注
1	端封门	端封门的材质、尺寸、焊缝情况	检查端封门材质、端封门的安装顺序及焊缝是否满足设计要求,有无漏焊			
2		端封门预埋件安装情况、预埋件与主体的黏接情况	端封门与预埋件的焊接不可避免会出现混凝土爆裂,从而使端封门预埋件与混凝土间形成渗水通道,检查此位置是否已进行防渗处理			
3		端封门支撑牛腿材质、尺寸、焊缝情况	检查端封门牛腿与枕梁材质、安装顺序及焊缝是否满足设计要求,有无漏焊			
4		端封门上的密封装置(电缆孔、灌排水孔、人孔、透气孔等)	检查端封门上的密封装置是否满足设计要求,有无漏焊情况,柔性密封垫圈材质是否满足要求,是否完好密封			
5	端钢壳	端钢壳与混凝土黏接情况	端钢壳与混凝土黏接有无渗水情况,是否进行防渗处理			
6	压载水箱	压载水箱材质、尺寸、焊缝	检查压载水箱的材质是否满足设计要求,检查压载水箱钢焊缝是否满足设计要求,有无漏焊情况,检查各个水箱水密性			
7	灌排水系统	水管材质、接头连接、阀门状况	检查灌排水系统水管连接处是否密封,阀门性能是否良好,阀门是否关紧,水管是否畅通			
8	管节后浇带	混凝土后浇带结构缝	检查后浇带是否进行了防渗处理,有无漏水			
9	管节主体混凝土	混凝土结构裂缝、密实情况	检查有无裂缝,裂缝宽度深度情况,是否为贯穿性裂缝,裂缝是否进行了防渗处理			

质检负责人:　　　　　　　　　　　　　　现场监理:

附录 H 管节浮运阻力计算

H.0.1 管节浮运阻力宜根据物理模型试验和数值模拟分析结果确定,当物模试验或数模分析不足时,可按下列公式计算:

$$F = \frac{1}{2}A\rho_{\mathrm{W}}v^2 K \quad (\text{H.0.1-1})$$

$$A = D(T + \delta) \quad (\text{H.0.1-2})$$

式中:F——水流阻力,N;

A——管节受水流阻力面积,m^2;

ρ_{W}——水密度,kg/m^3,海水取 $1.02 \times 10^3 kg/m^3$,淡水取 $1.0 \times 10^3 kg/m^3$;

v——管节对水流的相对速度,m/s;

K——挡水形状系数;

D——管节宽度,m;

T——管节吃水,m;

δ——管节前涌水高度(m),取 0.6 倍航程中可能出现的波高。

H.0.2 管节挡水形状系数 K 宜根据管节的吃水、水深、水流方向确定管节纵向和横向的挡水系数,以提供浮运、转体的阻力分析,在试验资料不足时纵向挡水系数可取为 1.3,横向挡水系数可取为 2.0。

本指南用词说明

对执行本指南条文严格程度的用词写法做如下说明：

1 表示很严格，非这样做不可的：
正面词采用"必须"，反面词采用"严禁"。

2 表示严格，在正常情况下均应这样做的：
正面词采用"应"，反面词采用"不应"或"不得"。

3 表示允许稍有选择，在条件许可时首先应该这样做的：
正面词采用"宜"，反面词采用"不宜"。

4 表示有选择，在一定条件下可以这样做的：
正面词采用"可"或"允许"，反面词采用"不可"或"不允许"。

本指南条文中必须按照指定的标准、规范或其他相关规定执行的，采用"应按……执行"或"应符合……要求或规定。"

图书在版编目(CIP)数据

沉管隧道设计与施工指南 / 徐国平等编著. — 北京：人民交通出版社股份有限公司, 2018.3
ISBN 978-7-114-14613-8

Ⅰ.①沉… Ⅱ.①徐… Ⅲ.①沉管隧道—隧道工程—设计—指南②水下隧道—隧道施工—指南 Ⅳ.①U459.9-62

中国版本图书馆 CIP 数据核字(2018)第 057873 号

"十三五"国家重点图书出版规划项目
交通运输科技丛书·公路基础设施建设与养护
港珠澳大桥跨海集群工程建设关键技术与创新成果书系
国家科技支撑计划资助项目(2011BAG07B01)

书　　名：	沉管隧道设计与施工指南
著 作 者：	徐国平　吕卫清　等
责任编辑：	周　宇　尤　伟　王景景　等
责任校对：	刘　芹
责任印制：	张　凯
出版发行：	人民交通出版社股份有限公司
地　　址：	(100011)北京市朝阳区安定门外外馆斜街 3 号
网　　址：	http://www.ccpress.com.cn
销售电话：	(010)59757973
总 经 销：	人民交通出版社股份有限公司发行部
经　　销：	各地新华书店
印　　刷：	北京雅昌艺术印刷有限公司
开　　本：	787×1092　1/16
印　　张：	13.5
字　　数：	261 千
版　　次：	2018 年 3 月　第 1 版
印　　次：	2018 年 3 月　第 1 次印刷
书　　号：	ISBN 978-7-114-14613-8
定　　价：	80.00 元

(有印刷、装订质量问题的图书,由本公司负责调换)